Liebe geht durch den Magen

Die Autorin dankt ihrer Familie
und ihren Freunden.

Impressum

Produktmanagement: Annika Genning, Franziska Sorgenfrei
Textredaktion: Jeannette Kiesel
Korrektur: Petra Tröger
Layout und Satz: Bernd Walcher, www.grafikdesign-walcher.de
Umschlaggestaltung: Bernd Walcher unter Verwendung von vier Illustrationen: shutterstock/SongPixels; shutterstock/Ermine; shutterstock/Christian Jung; fotolia/blinkblink
Repro: Repro Ludwig, Zell am See
Herstellung: Bettina Schippel
Text und Rezepte: Ulrike Frot
Gesamtherstellung Verlagshaus GeraNova Bruckmann GmbH

★★★★★

Sind Sie mit diesem Titel zufrieden? Dann würden wir uns über Ihre Weiterempfehlung freuen.
Erzählen Sie es im Freundeskreis, berichten Sie Ihrem Buchhändler, oder bewerten Sie bei Onlinekauf.
Und wenn Sie Kritik, Korrekturen, Aktualisierungen haben, freuen wir uns über Ihre Nachricht an Christian Verlag, Postfach 40 02 09, D-80702 München oder per E-Mail an lektorat@verlagshaus.de.

Unser komplettes Programm finden Sie unter www.christian-verlag.de

Die Deutsche Nationalbibliothek verzeichnet diese Publikation in der Deutschen Nationalbibliografie; detaillierte bibliografische Daten sind im Internet über http://dnb.d-nb.de abrufbar.

ISBN 978-3-86244-586-8

Sie sind auf den Geschmack gekommen?
Dann würde ich Ihnen gerne folgende Titel von mir ans Herz legen:

»Essen für die Seele. 55 Rezepte, wenn die Welt mal wieder ungerecht war ...«

»Einfach kochen für Viele. 55 Rezepte, wenn Gäste mit großem Hunger kommen ...«

Ihre Ulrike Frot

Ulrike Frot

Liebe geht durch den Magen

55 Rezepte, wenn der Schatz zum Essen kommt …

CHRISTIAN

INHALTSVERZEICHNIS

EINLEITUNG

Kochen für den Liebsten

Den Liebsten oder die Liebste zu bekochen, dafür kann es etliche Gelegenheiten geben: der Jahrestag der ersten Begegnung, man möchte einen Streit beilegen, eine Botschaft rüberbringen. Eine Gehaltserhöhung, eine bestandene Prüfung, einen sportlichen Sieg in trauter Zweisamkeit feiern oder einen Geschenkgutschein für ein romantisches Dinner for two einlösen. Man will sich bei einer neuen Bekanntschaft für eine Einladung ins Kino revanchieren. Oder man handelt einfach nach dem Motto »Liebe geht durch den Magen« und kann vielleicht bei einem schönen Abendessen die Vorlieben des anderen und mehr herausfinden.

darling

Bleibt die Frage nach dem Wie. Der Rat der Mutter oder Freundin »Einfach nach Gefühl, du weißt schon!« ist da nicht gerade hilfreich. Zumal es doch ein perfekter Abend werden soll. Man will verwöhnen, aber auch selbst genießen. Hier ist gute Vorbereitung angesagt. In diesem Büchlein finden Sie auf den folgenden Seiten dafür eine Anleitung zusammen mit genussvollen Rezepten, die den Kern eines romantischen Dinners bilden. So verführen Sie Ihren Schatz in die Welt des Genusses.

Ulrike Frot

Noch am Rande: Die Temperaturangaben in den Rezepten beziehen sich alle auf Umluftbacköfen.

GUT ZU WISSEN

(Koch-)Tipps und Tricks zum Verlieben

REZEPTE, WENN DER SCHATZ ZUM ESSEN KOMMT ...

ENTSPANNEN

Der gute Start in den romantischen Abend

Wenn der Liebste zum Essen kommt und man sich Mühe geben will, dann ist Planung angesagt, keine Improvisation. Sich nach der Arbeit noch schnell durch die Lebensmittelabteilung kämpfen, vollbepackt und erschöpft daheim ankommen und sich anschließend gleich in die Vorbereitungen für den nahenden Abend stürzen sind schlechte Voraussetzungen. Man sollte ausgeruht und vorbereitet sein. Lieber das ganze Vorhaben auf einen anderen Tag verlegen, an dem man mit Zeit, Lust, Muse und Vorfreude alles herrichten kann.

Also: Einkaufen, eventuell gemütlich vorkochen, alle Zutaten liegen parat. Damit der Abend nicht so beginnt, dass der Liebste schnell noch mal zur Tanke fahren muss, weil man etwas vergessen hat.
Dem Partner Zeit schenken (und von ihm uneingeschränkte Aufmerksamkeit bekommen!) ist so wichtig

wie der eigentliche Genuss der Speisen. Deshalb daran denken: Telefon und Handy aus, auch wenn es schwerfällt. Der Tisch wird im Voraus gedeckt. So entsteht kein hektisches Hin und Her, während der Liebste allein mit dem Champagnerglas in der Hand herumsitzt.

Am Ende bleibt genügend Zeit, sich selbst herzurichten und schön anzuziehen. Wenn man dann noch eine gute Viertelstunde entspannen kann, hört man schon mal in die Lieblings-CD rein und lässt sich auf die Vorfreude ein, die die kommenden Stunden hervorrufen ... dann sollte der Abend perfekt werden.

DIE QUAL DER WAHL

Was servieren?

Wenn man sich schon etwas länger kennt, weiß man um die Vorlieben des anderen und wird dem Liebsten, je nach Stimmungslage, genau das Richtige servieren. Und sei es Schokoladenfondue im Hochsommer, weil er gerade ausgepowert und gefrustet ist und seine Seele nach ebendiesem süßen Trost verlangt. Der besonders gesundheitsbewusste Partner freut sich über einen frischen, kalorienarmen Salat, gefolgt von einem feinen Rinderfiletsteak mit Pfeffersauce. Kommt »Vielleicht-wird-was-Ernstes-draus«, sollte man sich rücksichtsvoll vorher erkundigen, ob irgendwelche Lebensmittelallergien bestehen. Und nicht nach dem Lieblingsgericht fragen! Sonst läuft man Gefahr, im Wettstreit um den Pokal für das beste Kalbsschnitzel gegen seine Mutter anzutreten. Wichtig ist, sich keinesfalls zu überfordern: Lieber einfacher, aber lecker.

Obst und Gemüse sollten der momentanen Jahreszeit entsprechen, da ist der Geschmack am besten und fruchtigsten. Bei Beeren kann man auch getrost auf Tiefkühlware zurückgreifen. Ebenso bei Jakobsmuscheln. Bei einem guten Fischhändler oder im Delikatessengeschäft findet man Thunfisch in Sushiqualität. Kalbsleber und -nieren sollte man möglichst vorbestellen. Bekommt man gerade keine frischen Steinpilze für das Risotto, kann man genauso gut vorher eingeweichte getrocknete Pilze aus dem Delikatessenladen verwenden.

AM ORT DES GESCHEHENS

Kochen kann auch Teamwork sein!

Wenn vorher bekannt ist, dass der »liebste Gast« gern selbst Hand anlegt in der Küche, kann man das getrost in den Ablauf des Abends mit einplanen. Man steht gemeinsam in der Küche vor dem Herd, schnipselt gemütlich nebeneinander, rührt, schmeckt zusammen die Sauce ab ... Dabei lernt man sich etwas näher kennen. Vielleicht werden die letzten Neuigkeiten ausgetauscht. Man erinnert sich an miteinander Erlebtes. Gemeinsam wird der Wein entkorkt und gekostet. Oder man holt den Champagner vom Aperitif aus dem Kühlschrank, schenkt noch einmal für jeden ein Gläschen ein und süffelt es nebenbei, während man zusammen den Hauptgang vorbereitet. Aber wohlgemerkt ein (!) Gläschen. Nicht, dass einem beim Dessert die Augen zufallen!

Kennt man den Gast noch nicht lange, schlägt man ein bisschen Mitarbeit in der Küche vor. Ein leichter Einstieg wäre zum Beispiel: »Möchtest du die Sauce mal probieren?« Da kann man unter Umständen Interessantes entdecken. Widerspricht Küchenarbeit womöglich seinem Bild von einem richtigen Mann? Ist Madame vielleicht der »Ich-lass-mich-rundum-verwöhnen«-Typ: Sie macht keinen Finger krumm, erzählt ausgiebig vom gemeinsamen Kochen mit dem Ex, der so vorzügliche Speisen zubereiten konnte, und mäkelt letztendlich am Essen rum? Entpuppt sich der Neue in der Küche als genialer Teamworker, oder ist er mehr der Einzelkämpfer, der alles besser kann?

EINES DER SCHÄRFSTEN GEWÜRZE

Raus aus der Routine

Wenn es darum geht, welche Zutaten die Gefühle in Wallung bringen, gibt es viele Meinungen. Vielleicht raten die Freundin oder das Frauenmagazin zum (strategischen) Einsatz von Früchten (Erdbeeren, Feigen, ...), Gemüse (Spargel, Sellerie, ...), Gewürzen (Chili, Vanille, Safran, Ingwer ...), Austern oder Schokolade, da diese eine aphrodisierende Wirkung haben sollen. Forschung hin, Aberglaube her, die sogenannten »Muntermacher« schmecken hervorragend, sind obendrein gesund und sehen oftmals auch noch zum Anbeißen aus.

Es geht aber auch anders mit dem Entfachen ungeahnter Leidenschaft: Fragt man Männer, was sie am

meisten am Essen schätzen, fällt unter anderem häufig das Wort »Veränderung«.

Rund um das Thema Essen hat sich das Altgewohnte zwar bewährt, man kennt die jeweiligen Vorlieben und doch fehlt manchmal etwas: irgendwie ein bisschen mehr »Würze«. Routine hat sich eingeschlichen. Warum nicht Neues wagen? Einmal ein anderes Gewürz am alten Klassiker oder das Dessert nicht am Tisch, sondern aneinandergekuschelt auf dem Sofa genießen.

DER PASSENDE TROPFEN

Für durstige Verliebte

Das Essen kann noch so liebevoll und aufwendig gemacht sein, wenn das Getränk nicht dazu passt geht viel Stimmung verloren. Die Geschmäcker sind natürlich verschieden und es gibt keine »absolute Wahrheit«, welcher Tropfen zu welchem Gericht passt.

Zum Thema Wein ist zu beachten: Moden spielen eine große Rolle. Und wer aus dem Urlaub aus Südfrankreich kommt, sich dort täglich ein Glas kalten Roséwein gegönnt und damit eingedeckt hat, wird sich vielleicht wundern, dass der gute Rosé daheim doch nicht zu allem passt, sondern nur zu mediterranen Gerichten, am besten mit einer Temperatur von 10 °C.

Die Vorschrift, dass Rotwein mit Zimmertemperatur genossen werden soll, stammt aus der Zeit, als die Zimmer noch mit 16 bis 18 °C als geheizt galten. Auch hier gilt: Was schmeckt, ist erlaubt.

Wer sich aber unsicher ist, kann sich an folgende Regeln halten, um auf der sicheren Seite zu stehen: So sollte man besser keinen Rotwein zu Eierspeisen, essighaltigen Gerichten, Spargel oder grünem Gemüseallerlei trinken. Zu Fischgerichten und Huhn passt ein Weißwein besser. Wer jedoch Fan von Rotwein ist, kann durchaus einen jungen, wenig tanninhaltigen und etwas kühler temperierten Rotwein auch zu Fisch und Krustentieren genießen. Als Aperitif für das romantische Dinner gibt es aber nichts Besseres als Champagner, dessen gekühlter Rest auch noch zum Dessert passt. Zum Dessert wählt man ansonsten eher einen süßlichen Wein, etwa einen Sauternes.

DEKORATION

Kitsch, Technik, Kerzenschein

Auch mit einfachen Mitteln gelingt ein schönes Ambiente. Für ein italienisches Menü zum Beispiel lohnt es sich nicht, extra Geschirr in Grün, Weiß und Rot anzuschaffen, hat man doch bereits Kirschtomaten mit Basilikum-Frischkäsecreme, Servietten oder Blumen in den entsprechenden Farben. Vielleicht eine »echt venezianische« Gondel mit Beleuchtung auf den Tisch stellen. Das ist dann so überraschend und kitschig, dass es schon wieder schön ist.

Ist man technisch versiert, kann man ein Foto vom Markusplatz herunterladen, im Copyshop im Format DIN A 3 ausdrucken, in Plastik einschweißen und als Platzdeckchen verwenden. Ist ein besonderer Jahrestag Anlass für das Abendessen, könnte das Motiv für das Platzset auch eine gemeinsame Erinnerung sein, zum Beispiel der Ort der ersten Begegnung.

Wie wäre es mit Stoffservietten in Serviettenringen, denen man ein kleines Kärtchen mit einer handgeschriebenen Liebesbotschaft oder einem schönen Kompliment beifügt? Eine nette Idee sind auch Glückskekse, das asiatische Süßgebäck mit Papierstreifen im Inneren, auf dem ein Sinnspruch geschrieben steht.
Oder einfach der Klassiker: viele Kerzen und Teelichte. Nichts ist schließlich romantischer als ein Meer aus Kerzenschein.

Vor

REZEPTE, WENN DER SCHATZ ZUM ESSEN KOMMT ...

speisen

menu

Rezept für 2 Personen
10 Minuten Arbeit

Sommerliche Rohkost

Den Brokkoli putzen, waschen und die Röschen abtrennen. Die Brokkoliröschen im Mixer fein hacken und in eine Schüssel geben.

Die gewaschene Paprika vom Stielansatz befreien, halbieren, Samen und Scheidewände entfernen, anschließend in Stücke schneiden, im Mixer fein hacken und zum Brokkoli in die Schüssel geben.

Den Apfel waschen, schälen, vierteln, das Kerngehäuse herausschneiden, anschließend in Würfel schneiden, im Mixer fein hacken und ebenfalls in die Schüssel geben.

Den Honig mit dem Senf, Salz, Pfeffer, Essig und Öl verrühren, in die Schüssel geben und alles miteinander vermengen. Die Pinienkerne darüberstreuen und servieren.

Tipp: Die Rohkost ist ideal für eine Diät und für gesundheitsbewusste Sportler!

1	Brokkoli (etwa 500 g)
1	rote Paprikaschote
1	Apfel
1 TL	Honig
1 TL	mittelscharfer Senf
1 TL	Salz
1 Prise	frisch gemahlener Pfeffer
25 ml	weißer Balsamico
30 ml	Olivenöl
30 g	Pinienkerne

KALTE GURKEN-AVOCADO-SUPPE

1	Schalotte
1	große Gurke
1 TL	Olivenöl
100 ml	Noilly Prat (oder anderer trockener Wermut; alternativ trockener Weißwein)
200 ml	Gemüsebrühe (Instant)
1	Avocado
200 g	Schmant (oder Sauerrahm)
	Salz
	frisch gemahlener Pfeffer
	Cayennepfeffer
1 TL	weißer Balsamico (oder Zitronensaft)
1 Prise	Zucker

Garnitur (nach Belieben): Krabben oder Croûtons

Rezept für 2 Personen
15 Minuten Arbeit
plus 3 Stunden
Kühlzeit

1 Die Schalotte schälen und fein hacken. Die Gurke waschen, putzen, schälen und der Länge nach halbieren. Die Kerne mit einem Teelöffel herausschaben.

2 In einem Topf das Öl erhitzen und die Schalotte darin glasig anschwitzen. Den Wermut und die Brühe dazugießen, aufkochen, vom Herd nehmen und abkühlen lassen.

3 Die Gurke in kleine Würfel schneiden. Die Avocado halbieren und den Stein entfernen, das Fruchtfleisch mit einem Löffel aus der Schale lösen und ebenfalls in kleine Würfel schneiden.

4 Gurke und Avocado in den abgekühlten Sud geben, mit dem Pürierstab pürieren und den Schmant unterrühren. Die Suppe mit Salz, Pfeffer, Cayennepfeffer, Balsamico und Zucker abschmecken, nochmals pürieren und durch ein Sieb passieren.

5 Die Gurken-Avocado-Suppe für 3 Stunden in den Kühlschrank stellen, herausnehmen, auf ebenfalls gekühlte Suppenschalen verteilen und nach Belieben garniert servieren.

Rezept für 2 Personen
15 Minuten Arbeit
plus Kühlzeit

Kalte Tomatensuppe

Die Tomaten in kochendes Wasser geben, kurz darin ziehen lassen, herausnehmen, kalt abschrecken und enthäuten. Anschließend die Tomaten halbieren, den Stielansatz und die Kerne entfernen.

Den Wermut in einem Topf auf die Hälfte einkochen lassen.

Die Tomaten im Mixer pürieren, durch ein Sieb passieren und zum Wermut geben. Mit Salz und Pfeffer abschmecken und einige Stunden im Kühlschrank erkalten lassen.

Das Basilikum waschen und trocken tupfen. Die Pilze putzen und in dünne Scheiben schneiden. Die kalte Suppe auf tiefe Teller verteilen, die Pilze mit jeweils 1 TL Öl daraufgeben. Die Tomatensuppe mit den Basilikumblättern garnieren und mit Baguette servieren.

1 kg	Fleischtomaten (oder Dosentomaten)
50 ml	trockener Wermut
	Salz
	frisch gemahlener Pfeffer
	einige Basilikumblätter
2	mittelgroße Champignons
2 TL	Olivenöl
1/2	Baguette

lovely

Ob ein fröhliches Mahl überhaupt ohne Frauen denkbar ist, lasse ich offen.

Erasmus von Rotterdam

WARMER STEINPILZSALAT auf Rucola

8	halbe Walnüsse
1 Handvoll	Rucola
	einige Salbeiblätter
4	große Steinpilze
3 EL	Sonnenblumenöl
	Salz
2 EL	Olivenöl
	frisch gemahlener Pfeffer
1 EL	Balsamico
1 EL	frisch gehobelter Parmesan

Rezept für 2 Personen
20 Minuten Arbeit

1 Die Walnüsse in einer Pfanne ohne Fett hellbraun rösten und anschließend klein hacken.

2 Den Rucola putzen, waschen und trocken schleudern. Die Salbeiblätter waschen und trocken tupfen.

3 Die Pilze putzen und in dünne Scheiben schneiden.

4 In einer Pfanne das Sonnenblumenöl stark erhitzen und die Salbeiblätter darin frittieren, bis keine Bläschen mehr aufsteigen. Die Salbeiblätter herausnehmen, auf Küchenpapier gut abtropfen lassen und mit etwas Salz würzen.

5 In einer zweiten, großen Pfanne 1 EL Olivenöl erhitzen und die Pilze darin bei hoher Temperatur 2 Minuten braten, mit Salz und Pfeffer würzen und warm stellen.

6 Den Essig mit etwas Salz, Pfeffer und dem restlichen Olivenöl zu einer Vinaigrette verrühren.

7 Den Rucola auf Teller verteilen und die Pilze daraufgeben. Anschließend die Salbeiblätter darübergeben, mit Vinaigrette beträufeln und mit Nüssen und Käse garniert servieren.

Rezept für 2 Personen
15 Minuten Arbeit

Melonensalat mit Käse und Nüssen

Die Nüsse grob hacken und in einer Pfanne ohne Fett kurz anrösten.

Die Melonen entkernen und mit einem Kugelausstecher das Fruchtfleisch herauslösen. Oder die entkernten Melonen schälen und das Fruchtfleisch in Würfel schneiden.

Den Käse grob zerbröckeln. Den Salat verlesen, putzen, waschen und trocken schleudern.

Den Schmant mit Zitronensaft, etwas Salz, Pfeffer, Zucker und Öl zu einem Dressing verrühren.

Den Salat auf zwei Teller verteilen, die Melonenkugeln oder -würfel und den Käse daraufgeben. Mit dem Dressing beträufeln und mit Nüssen und Cranberrys bestreut servieren.

8	halbe Walnüsse
1/8	Wassermelone
1/2	Galiamelone
75 g	Käse
	(nach Belieben,
	z.B. Feta oder Gorgonzola)
100 g	Pflücksalat
70 g	Schmant
1 EL	Zitronensaft
	Salz
	frisch gemahlener Pfeffer
1 Prise	Zucker
1 EL	Olivenöl
20 g	getrocknete Cranberrys

Rezept für 2 Personen
10 Minuten Arbeit

Kirschtomaten mit Basilikum-Frischkäsecreme

Die Tomaten waschen und abtrocknen, die Stiele nicht entfernen. Von den Tomaten jeweils einen Deckel abschneiden und beiseitelegen, mit einem kleinen Löffel die Kerne aus dem unteren Teil vorsichtig herauskratzen. Mit etwas Küchenpapier um den Finger gewickelt das Innere trocken tupfen.

Das Basilikum waschen, trocken tupfen und die Blätter abzupfen. Die Pinienkerne klein hacken und in einer beschichteten Pfanne ohne Fett kurz rösten.

Das Basilikum, 1 EL Frischkäse und 1 EL Wasser mit dem Pürierstab zu einer Paste pürieren. Den restlichen Frischkäse unterrühren, mit Salz und Pfeffer würzen.

Die Tomaten mit der Basilikumcreme füllen, die Pinienkerne darüberstreuen, die Deckel so darauflegen, dass man die Füllung sieht, und servieren.

10	Kirschtomaten, mit Stiel
1/4 Bund	Basilikum
1 EL	Pinienkerne
125 g	Doppelrahmfrischkäse
	Salz
	frisch gemahlener Pfeffer

easy

MINESTRONE

100 g	Erbsen (TK)
1	kleine Zwiebel
1	Knoblauchzehe
150 g	Karotten
150 g	Brokkoli
1 Stange	Staudensellerie
1/2 Stange	Lauch
1/2	Zucchini
250 g	Tomaten
1 EL	Olivenöl
1 TL	frisch gehackter Thymian
600 ml	Gemüsebrühe (Instant)
	Salz
	frisch gemahlener Pfeffer
1 Schälchen	frisch geriebener Parmesan

Rezept für 2 Personen
15 Minuten Arbeit

1 Die Erbsen auftauen lassen. In der Zwischenzeit die Zwiebel und den Knoblauch schälen und fein hacken. Die Karotten putzen, waschen, schälen und in Scheiben schneiden. Den Brokkoli putzen, waschen, die Röschen abtrennen, dabei größere Röschen teilen. Den Sellerie putzen, waschen, die harten Fasern mit einem Messer abziehen und die Stange in Scheiben schneiden. Den geputzten Lauch waschen und in Scheiben schneiden. Die Zucchini waschen, putzen und ebenfalls in Scheiben schneiden. Die Tomaten in kochendes Wasser geben, kurz darin ziehen lassen, herausnehmen, kalt abschrecken und schälen. Anschließend die Tomaten halbieren, den Stielansatz und die Kerne entfernen und das Fruchtfleisch in Viertel schneiden.

2 In einem großen Topf das Öl erhitzen und die Zwiebel mit dem Knoblauch darin glasig anschwitzen. Karotten, Brokkoli und Thymian dazugeben und kurz mitbraten, anschließend mit der Brühe ablöschen, mit Salz und Pfeffer würzen und etwa 10 Minuten köcheln lassen. Sellerie, Lauch, Tomaten, Erbsen und Zucchini dazugeben und weitere 5 Minuten köcheln lassen.

3 Die Minestrone mit Salz und Pfeffer abschmecken und servieren. Den Parmesan im Schälchen dazu reichen.

Tipp: Statt der Tomaten kann man auch vor dem Ablöschen etwas Tomatenmark hinzugeben.

Rezept für 2 Personen
20 Minuten Arbeit

Kürbissuppe mit Ingwer

Den Kürbis waschen und spalten, mit einem Löffel Kerne und Fasern herauskratzen und das Fruchtfleisch in Würfel schneiden. Die Karotte putzen, waschen, schälen und ebenfalls in Würfel schneiden. Die Zwiebel und den Ingwer schälen und sehr fein hacken.

In einem Topf die Butter erhitzen und die Zwiebel darin anschwitzen. Die Karotte, den Kürbis und den Ingwer dazugeben und kurz mitbraten, die Brühe angießen, aufkochen und etwa 15 Minuten köcheln lassen.

In der Zwischenzeit die Mandeln in einer Pfanne ohne Fett leicht anrösten.

Die Suppe vom Herd nehmen, mit dem Pürierstab pürieren und mit Salz und Pfeffer abschmecken. Anschließend auf Suppenschalen verteilen, jeweils 1 EL Crème fraîche daraufgeben und nach Belieben noch mit den Mandelblättchen garniert servieren.

Tipp: Man kann auch einige Croûtons auf die Kürbissuppe geben oder die Suppe mit schmalen Lachstreifen als Einlage servieren.

250 g	Hokkaidokürbis
1	Karotte
1	kleine Zwiebel
1	kleines Stück Ingwer
1 EL	Butter
500 ml	Gemüsebrühe (Instant)
	(gehobelte Mandeln)
	Salz
	frisch gemahlener Pfeffer
2 EL	Crème fraîche

PAPRIKASOUFFLÉ

1	grüne Paprikaschote
1	rote Paprikaschote
1	mittelgroße Zwiebel
2 TL	Gemüsebrühpulver
2	Eier
1 EL	Mehl
	Salz
	frisch gemahlener Pfeffer
	Butter
2	Schalotten
1/4 l	Sahne (mindestens 30 % Fett)
1 EL	Butter (zum Binden)
	Zucker (nach Belieben zum Abschmecken)

Rezept für 2 Personen
30 Minuten Arbeit

1 Den Backofen auf 200 °C vorheizen.

2 Die gewaschenen Paprikaschoten vom Stielansatz befreien, halbieren, Samen und Scheidewände entfernen, anschließend die grüne Paprika in kleine Würfel schneiden. Die Zwiebel schälen und in Ringe schneiden.

3 Das Brühpulver in 1 Tasse Wasser auflösen, in einem Topf aufkochen und die Paprikawürfel mit der Zwiebel darin garen. Die Flüssigkeit bis auf etwa 1 TL einkochen lassen, anschließend alles in ein Sieb abgießen, gut abtropfen lassen und im Mixer pürieren.

4 Die Eier trennen. Das Eigelb mit dem Mehl verrühren, zum Püree geben und gut damit vermischen. Das Eiweiß steif schlagen, vorsichtig unter die Paprikamasse heben, mit Salz und Pfeffer kräftig abschmecken.

5 Zwei Soufflèförmchen mit Butter einfetten, mit der Soufflémasse füllen und 20–25 Minuten im Backofen backen.

6 In der Zwischenzeit die geschälten Schalotten fein hacken, die rote Paprika in kleine Würfel schneiden. Die Schalotten und die Paprika mit der Sahne aufkochen und bei geringer Temperatur etwa 10 Minuten garen. Anschließend im Mixer mit Butterflöckchen zu einer sämigen Sauce mixen, mit Salz und Pfeffer würzen und nach Belieben mit etwas Zucker abschmecken.

7 Die Soufflés aus dem Ofen nehmen, auf vorgewärmte Teller stürzen, mit Paprikasauce umgießen und sofort servieren.

Fantasie und Liebe sind gute Gewürze.

Holländisches Sprichwort

Marinierter Spargel

aus dem Wacholdersud

10 Stangen weißer Spargel
1 EL Hühnerbouillonpulver
(oder Gemüsebouillonpulver)
Salz
1 Prise Zucker
6 Wacholderbeeren
2 Lorbeerblätter
1 TL weißer Balsamico
1 TL Olivenöl
4 Scheiben Parmaschinken (oder gekochter Schinken)

Rezept für 2 Personen
10 Minuten Arbeit

1 Den Spargel waschen, gründlich schälen, die holzigen Enden abschneiden.

2 Das Bouillonpulver, etwas Salz, Zucker, Wacholderbeeren und Lorbeer mit 1 l Wasser aufkochen. Den Spargel darin bissfest garen.

3 Den Spargel aus dem Sud heben, auf zwei Teller geben, mit Essig und Öl beträufeln und mit dem Schinken servieren.

ÜBERBACKENE AVOCADO

1/2	kleine rote Zwiebel
1 TL	Olivenöl
1	sehr kleine Knoblauchzehe
1	kleine Tomate
25 g	Mozzarella
2	Basilikumblätter
einige	gemischte Salatblätter
1	Avocado
	Salz
	frisch gemahlener Pfeffer
1/2	Baguette

Rezept für 2 Personen
10 Minuten Arbeit

1 Die Zwiebel schälen und in sehr dünne Ringe schneiden. In einer kleinen Pfanne Öl erhitzen und die Zwiebel darin anschwitzen, den geschälten Knoblauch mit der Knoblauchpresse dazupressen und mitgaren. Anschließend vom Herd nehmen.

2 Die Tomate in kochendes Wasser geben, kurz darin ziehen lassen, herausnehmen, kalt abschrecken und enthäuten. Die Tomate in Spalten schneiden. Den Mozzarella in kleine Würfel schneiden. Das Basilikum und die Salatblätter waschen und trocken tupfen.

3 Den Backofengrill auf mittlerer Stufe vorheizen.

4 Die gewaschene Avocado halbieren und den Stein entfernen. Die Avocadohälften in eine ofenfeste Form setzen. Die Mulden jeweils mit der Zwiebel-Knoblauch-Mischung füllen, Tomatenspalten, Mozzarella und das klein gehackte Basilikum darübergeben und mit Salz und Pfeffer würzen.

5 Die Avocadohälften etwa 5 Minuten unter dem Backofengrill überbacken, bis der Käse geschmolzen ist, herausnehmen, mit Salatblättern garnieren und mit geröstetem Baguette servieren.

Rezept für 2 Personen
15 Minuten Arbeit

Spargelcocktail mit Garnelen

Den Spargel waschen, schälen, die holzigen Enden abschneiden und in Salzwasser mit einer Prise Zucker bissfest garen. Anschließend den Spargel mit einem Schaumlöffel herausheben, gut abtropfen und abkühlen lassen.

Den Spargel in mundgerechte Stücke schneiden. Die Garnelen in ein Sieb geben, unter fließendem Wasser waschen, abtropfen lassen und trocken tupfen. Die Mandarinen in die einzelnen Spalten teilen, diese quer halbieren und die Kerne entfernen.

Die Crème fraîche mit Curry, Pfeffer und etwas Salz zu einem Dressing verrühren.

Spargel, Mandarinen und Garnelen in eine Schüssel geben und das Dressing untermischen. Den Cocktail 30 Minuten ziehen lassen, anschließend auf Cocktailgläser verteilen und servieren.

400 g	weißer Spargel
	Salz
	Zucker
100 g	gekochte Garnelen
200 g	geschälte Mandarinen
5 EL	Crème fraîche
1/2 TL	Currypulver
	frisch gemahlener Pfeffer

Küsse vergehen,
Kochkunst bleibt bestehen.
George Meredith

LOVE
Love
Love

MANGOLDSALAT mit Mangodressing und Garnelen

1 kleine Handvoll	junger Mangold
1/2	Schalotte
1/2	Knoblauchzehe
1	reife Mango
1 Prise	Zucker
1 Msp.	Currypulver
1 Msp.	gemahlener Ingwer
1 Spritzer	Sojasauce
1 TL	Rotweinessig
1 TL	Balsamico
1 TL	Sherry
4 EL	Olivenöl
8	geschälte rohe Garnelen, entdarmt
1/2	Baguette

Rezept für 2 Personen
20 Minuten Arbeit

1 Den Mangold waschen, trocken schleudern und die Blätter von den Stielen trennen.

2 Die Schalotte und den Knoblauch schälen und sehr fein hacken. Die Mango waschen und das obere Viertel abschneiden. Dazu die Mango an der gewünschten Stelle rundherum bis zum Stein einschneiden und das obere Fruchtviertel mit einer drehenden Bewegung vom Stein lösen. Den Saft des abgetrennten Mangoviertels mit der Zitruspresse auspressen. Die restliche Mango schälen, anschließend einen v-förmigen Keil aus dem Fruchtfleisch herausschneiden. Das restliche Fruchtfleisch in Scheiben abschneiden und fächerartig jeweils auf den Rand von zwei Tellern legen.

3 Schalotte, Knoblauch, Zucker, Currypulver, Ingwer und Sojasauce mit Essig, Sherry, Mangosaft und 3 EL Öl zu einer Vinaigrette verrühren.

4 Die gewaschenen Garnelen trocken tupfen. In einer Pfanne das restliche Öl erhitzen und die Garnelen darin anbraten.

5 Die Vinaigrette vorsichtig unter den Mangold mischen. Den Salat auf die Teller verteilen, die Garnelen in der Mitte darauflegen und mit Baguette servieren.

GESCHMORTER THUNFISCH
mit Kapern und Oliven

1	Knoblauchzehe
1	mittelgroße Zwiebel
25 g	entsteinte schwarze Oliven
1 EL	Kapern
1/2 Bund	Basilikum
	einige Minzeblätter
2 Scheiben	frischer Thunfisch (je etwa 200 g)
	Salz
	frisch gemahlener Pfeffer
4 EL	Olivenöl
1/8 l	Weißwein
1 Dose	stückige Tomaten (400 g)

Rezept für 2 Personen
15 Minuten Arbeit

1 Den Backofen auf 180 °C vorheizen.

2 Den Knoblauch schälen. Die geschälte Zwiebel, die Oliven und die Kapern klein hacken. Das Basilikum waschen, trocken tupfen, die Blätter abzupfen und in feine Streifen schneiden. Die gewaschenen Minzeblätter trocken tupfen und ebenfalls in feine Streifen schneiden.

3 Den Fisch enthäuten, waschen und trocken tupfen. Den Knoblauch durch die Knoblauchpresse drücken, den Fisch damit einreiben, mit Salz und Pfeffer würzen.

4 Den Boden einer ofenfesten Form mit 2 EL Öl bestreichen. Den Fisch in die Form legen und mit dem Wein beträufeln. Tomaten, Zwiebeln, Oliven, Kapern und die Hälfte von dem Basilikum und der Minze über dem Fisch verteilen, anschließend mit dem restlichen Öl beträufeln und mit Salz und Pfeffer würzen.

5 Den Fisch im Ofen auf der mittleren Schiene 20–30 Minuten garen, herausnehmen und mit den restlichen Kräutern garniert servieren.

Der Genuss der Früchte
macht die Augen leuchtend.

Babylonischer Talmud

HÄHNCHENBRUSTFILET
auf Friséesalat

Rezept für 2 Personen
20 Minuten Arbeit

1	Hähnchenbrustfilet
	Salz
	frisch gemahlener Pfeffer
15 g	Butter
2 EL	trockener Sherry
75 g	Keniabohnen
1	Friséesalat
5	Kirschtomaten
1 EL	Himbeeressig
3 EL	Weißwein
1 Prise	Zucker
2 EL	Walnussöl
1/2 TL	zerdrückte rosa Pfefferbeeren
2 Scheiben	Toastbrot, frisch geröstet

1 Den Backofen auf 180 °C vorheizen.

2 Das Hähnchenbrustfilet waschen, trocken tupfen, halbieren und mit Salz und Pfeffer würzen.

3 Zwei Stück Alufolie mit der Butter einfetten, jeweils ein halbes Filet darauflegen und mit Sherry beträufeln. Die Folie über das Fleisch schlagen und die Ränder gut verschließen. Anschließend das Hähnchenbrustfilet im Backofen 15–20 Minuten garen.

4 In der Zwischenzeit die Bohnen putzen, waschen und in kochendem Salzwasser bissfest garen. Den Salat putzen, waschen und trocken schleudern. Die Tomaten waschen und vierteln. Die Bohnen in ein Sieb abgießen und gut abtropfen lassen.

5 Essig, Wein, Zucker und Öl zu einer Vinaigrette verrühren. Den Salat auf Teller verteilen, die Bohnen mit den Tomaten daraufgeben und mit der Vinaigrette beträufeln.

6 Das Hähnchenbrustfilet aus dem Ofen nehmen. Die Stücke jeweils quer zur Faser in Scheiben schneiden, auf den Salat legen, rosa Pfefferbeeren darüberstreuen und mit Toastbrot servieren.

Carpaccio mit Rucola und Parmesan

Rezept für 2 Personen
10 Minuten Arbeit

170 g	Rindercarpaccio (siehe Tipp)
1 TL	Zitronensaft
2 EL	Olivenöl
	Salz
	frisch gemahlener Pfeffer
50 g	Parmesan
50 g	Rucola

1 Das Fleisch auf zwei Teller verteilen.

2 Den Zitronensaft mit dem Öl verrühren und mit Salz und Pfeffer abschmecken.

3 Den Parmesan mit dem Sparschäler in Späne hobeln und auf dem Fleisch verteilen. Den verlesenen und geputzten Rucola waschen, trocken schleudern und jeweils in die Mitte des Tellers geben. Die Vinaigrette über Fleisch und Salat träufeln, nochmals Pfeffer darübergeben und das Carpaccio servieren.

Tipp: Je nach Belieben kann man das Carpaccio auch variieren, z. B. mit ein paar Kapern, halbierten schwarzen Oliven, klein gehackten Sardellenfilets oder frisch gehackten Kräutern wie Basilikum.

Das Rindercarpaccio sollte man fertig geschnitten beim Metzger vorbestellen. Andernfalls schneidet man von einem Stück Rinderfilet Fett und Sehnen weg, wickelt es in Klarsichtfolie und lässt es etwa 30 Minuten im Tiefkühlfach anfrieren. Anschließend nimmt man das Fleisch heraus, schneidet es mit einem sehr scharfen Messer so dünn wie möglich in Scheiben, legt diese zwischen Klarsichtfolie und beschwert sie mit einem Holzbrett.

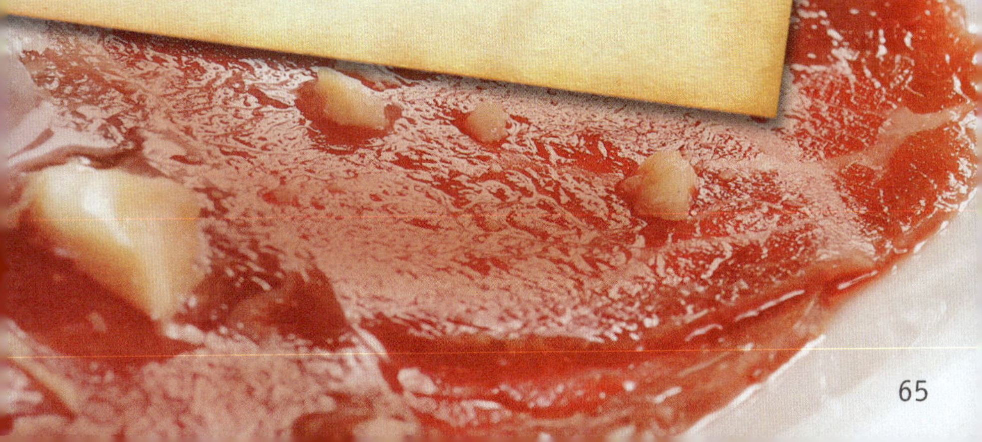

Wenn ein Mann dir von den Kochkünsten seiner Mutter vorschwärmt, hör nicht hin. Ein Junge zwischen zwölf und 21 kann Unmengen essen, ohne je etwas zu schmecken.

Sarah Tyson Rorer

Rezept für 2 Personen
10 Minuten Arbeit

Feigen

mit Parmaschinken und warmen Steinpilzen

Die gewaschenen Feigen vorsichtig schälen, in dünne Scheiben schneiden und dachziegelartig auf zwei Teller legen.

Die Schinkenscheiben mit einer Gabel locker aufrollen.

Die geputzten Pilze in dünne Scheiben schneiden. In einer Pfanne das Öl erhitzen und die Pilze darin einige Minuten braten, mit Salz und Pfeffer würzen. Anschließend die Pilze auf die Feigen geben, den Schinken darauflegen, etwas Parmesan darüberhobeln und mit Petersilie garniert servieren.

4 mittelgroße frische Feigen
6 Scheiben Parmaschinken
6 große Steinpilze
1 EL Öl
Salz
frisch gemahlener Pfeffer
Parmesan
1 TL frisch gehackte Petersilie

delicious

KLEINE HACKBÄLLCHENSPIESSE mit Olive und Mozzarella

Rezept für 2 Personen
20 Minuten Arbeit

1/2	altbackenes Brötchen
50 ml	Milch
1	kleine Schalotte
1 TL	Butter
1	Ei
1 TL	Senf
1/2 TL	getrockneter Majoran
250 g	gemischtes Hackfleisch (oder Tatar)
1 TL	Salz
	frisch gemahlener Pfeffer
	Öl
150 g	grüne Oliven, mit Paprikafüllung
150 g	Mozzarellakugeln

1 Das Brötchen in der warmen Milch einweichen. Die Schalotte schälen und in kleine Würfel schneiden. Anschließend in einer Pfanne die Butter erhitzen und die Schalotte darin glasig anschwitzen.

2 Das Brötchen gut ausdrücken und mit der angeschwitzten Schalotte, Ei, Senf und Majoran zum Hackfleisch geben, mit Salz und Pfeffer würzen und alles zu einem Hackfleischteig verarbeiten. Mit angefeuchteten Händen kleine Fleischbällchen formen und diese in einer Pfanne in heißem Öl rundherum knusprig braun braten, herausnehmen und auf Küchenpapier abtropfen lassen.

3 Jeweils ein Hackfleischbällchen mit einer Olive und einer Mozzarellakugel auf ein kleines Holzspießchen stecken und servieren.

Tipp: Die Hackbällchenspieße schmecken heiß und kalt. Statt der Mozzarellakugeln kann man auch kleine Fetawürfel auf die Spießchen stecken. Oder man reibt 50 g Pecorino, gibt 35 g davon in den Hackfleischteig und streut den Rest vor dem Servieren über die Hackfleischbällchen.

Wir sollten erst nach
jemandem suchen, mit dem
wir essen und trinken,
bevor wir essen und trinken.

Epikur

Haupt

REZEPTE, WENN DER SCHATZ ZUM ESSEN KOMMT ...

speisen

menu

GEFÜLLTE ZUCCHINIBLÜTEN

4	Zucchiniblüten
1	große Kartoffel
	Salz
100 g	Zucchinifruchtfleisch
	Blättchen von 1/2 Bund Basilikum
1	Knoblauchzehe
1 TL	frisch geriebener Parmesan
1	Ei
	Olivenöl
	frisch gemahlener Pfeffer
2	Tomaten, enthäutet
1/2	kleine Schalotte
1/2	Baguette

Rezept für 2 Persone
35 Minuten Arbeit

1 Den Backofen auf 250 °C vorheizen. Die Zucchiniblüten vom Fruchtstiel trennen, kurz in kaltes Wasser tauchen und in einem Sieb gut abtropfen lassen. Die gewaschene Kartoffel in Salzwasser weich garen. In der Zwischenzeit das Zucchinifruchtfleisch klein schneiden, mit etwas Wasser und einer Prise Salz in einem Topf etwa 5 Minuten garen. Anschließend das Fruchtfleisch in einem Sieb abtropfen lassen, in eine Schüssel geben und etwas abgekühlt fein pürieren.

2 Die Kartoffel abgießen, kalt abschrecken, schälen, noch heiß durch die Kartoffelpresse drücken und etwas abgekühlt unter das Zucchinipüree mischen. Das Basilikum waschen, trocken tupfen, in feine Streifen schneiden und unter das Püree heben. Den geschälten Knoblauch dazupressen und mit dem Käse, dem Ei und 2 EL Öl unterrühren, mit Salz und Pfeffer abschmecken. Die Tomaten halbieren, den Stielansatz und die Kerne entfernen und das Fruchtfleisch in kleine Würfel schneiden. In einer Pfanne etwas Öl erhitzen, darin die geschälte, fein gehackte Schalotte glasig schwitzen. Die Tomaten dazugeben, kurz erhitzen, mit Salz und Pfeffer würzen und warm halten.

3 Eine ofenfeste Form mit Öl einfetten. Die Blütenstempel der Zucchiniblüten herausschneiden. Die Blüten mit dem Gemüsepüree füllen, nebeneinander in die Form legen, mit 1 EL Öl beträufeln und im Ofen 3–4 Minuten überbacken. Die Zucchiniblüten mit den Tomaten auf Teller verteilen und sofort mit leicht geröstetem Baguette servieren.

Tipp: Man kann die Zucchiniblüten auch mit fein geschnittenen Pilzen und/oder Hackfleisch füllen, beides jeweils kurz angebraten.

Rezept für 2 Personen
20 Minuten Arbeit

Spargel

mit Sauce hollandaise

Den Spargel waschen, gründlich schälen, die holzigen Enden abschneiden und anschließend in kochendem Salzwasser mit dem Zucker bissfest garen.

In der Zwischenzeit in einem Topf den Essig mit 2 EL Wasser und etwas Salz aufkochen und auf 1 EL Flüssigkeit reduzieren. Bei geringer Temperatur das verquirlte Eigelb unterrühren und mit dem Schneebesen ständig weiterrühren, bis die Eimischung heiß ist, aber nicht gerinnt. Nach und nach die Butter unter die Eimasse schlagen, bis eine cremige, zarte Sauce entstanden ist. Mit Salz, Pfeffer und etwas Zitronensaft abschmecken.

Den Spargel herausheben, kurz abtropfen lassen, jeweils drei Stangen Spargel auf eine Scheibe Schinken legen, mit etwas Sauce beträufeln und aufrollen. Die Spargelrollen auf zwei Teller verteilen, noch etwas Sauce hollandaise darübergeben und servieren.

Eine passende Beilage sind Salzkartoffeln.

Tipp: Der Spargel ist bissfest gegart, wenn er sich beim Anheben mit einer Gabel leicht durchbiegt.

12 Stangen weißer Spargel
Salz
1/2 TL Zucker
1 EL Weißweinessig
2 Eigelb
200 g Butter, in Stücke geschnitten
frisch gemahlener Pfeffer
Zitronensaft
4 Scheiben gekochter Schinken

excellent

ÜBERBACKENES TOMATEN-FENCHEL-GEMÜSE

1/2 Zweig	Rosmarin
1 Zweig	Thymian
500 g	Fenchel, geputzt
	Butter
1	kleines Lorbeerblatt
	Salz
	frisch gemahlener Pfeffer
1/16 l	trockener Weißwein
3	Tomaten, enthäutet
1	Schalotte
2 EL	Olivenöl
1	Knoblauchzehe
40 g	entsteinte schwarze Oliven
30 g	Parmesan, frisch gerieben
20 g	Semmelbrösel

Rezept für 2 Personen
30 Minuten Arbeit

1 Den Backofen auf 200 °C vorheizen. Den Rosmarin und Thymian waschen und trocken tupfen. Den Fenchel längs vierteln. Das zarte Fenchelgrün beiseitelegen. Die Fenchelviertel in kochendem Wasser etwa 5 Minuten vorgaren, in ein Sieb abgießen und gut abtropfen lassen.

2 Eine ofenfeste Form mit Butter einfetten, den Rosmarin- und Thymianzweig und den Lorbeer hineinlegen, den Fenchel darübergeben und mit Salz und Pfeffer würzen. Anschließend etwas Wein darübergießen und den Fenchel im Ofen 20–25 Minuten garen.

3 In der Zwischenzeit die Tomaten halbieren, den Stielansatz und die Kerne entfernen und das Fruchtfleisch in Würfel schneiden. Die Schalotte schälen und fein hacken. In einer Pfanne das Öl erhitzen und die Schalotte mit dem geschälten Knoblauch darin anschwitzen. Die Tomaten dazugeben und 1 Minute mitgaren, mit Salz und Pfeffer würzen.

4 Den Fenchel aus dem Ofen nehmen und die Tomaten mit den Oliven gleichmäßig über dem Fenchel verteilen. Den Käse mit den Bröseln mischen und darüberstreuen. Das Gemüse wieder in den Ofen geben und etwa 15 Minuten überbacken, zwischendurch den restlichen Wein angießen.

5 Das Gemüse aus dem Ofen nehmen und mit 1 EL fein gehacktem Fenchelgrün garniert servieren.

Kann eine von der Liebe
bereitete Mahlzeit jemals
unschmackhaft sein?

Jean-Jacques Rousseau

Rezept für 2 Personen
30 Minuten Arbeit

Asiatisches Gemüseallerlei

Die Glasnudeln 10 Minuten in kaltem Wasser einweichen, anschließend in ein Sieb abgießen und abtropfen lassen. Den geputzten Chinakohl halbieren, waschen, den Strunk entfernen und in schmale Streifen schneiden. Die geputzte Karotte waschen, schälen und in dünne Scheiben schneiden. Von den Sojabohnensprossen die Wurzeln entfernen, die Sprossen in ein Sieb geben, waschen und abtropfen lassen.

Die Pilze putzen und in Scheiben schneiden. Den Ingwer in schmale Streifen schneiden, die gewaschene Chilischote vom Stielansatz befreien, in schmale Ringe schneiden und dabei die Kerne entfernen.

In einer tiefen Pfanne das Sojaöl erhitzen. Nacheinander die Karotte, den Kohl, die Pilze und die Sprossen in die Pfanne geben und unter Rühren braten, anschließend die Hitzezufuhr reduzieren und die Glasnudeln, den Ingwer und die Chilischote dazugeben.

Den Fond, die Sojasauce und den Essig unter das Gemüse heben, mit Salz und Pfeffer abschmecken und servieren.

150 g	Glasnudeln
1	Chinakohl
1	Karotte
100 g	frische Sojabohnensprossen
200 g	Austernpilze
1 EL	eingelegter Ingwer
1	kleine Chilischote
4 EL	Sojaöl
50 ml	Geflügelfond (Instant)
2 EL	Sojasauce
1 EL	Weißweinessig
	Salz
	frisch gemahlener Pfeffer

SCHARFES GEMÜSECURRY

100 g	Petersilienwurzeln
50 g	Zuckerschoten
2	kleine Tomaten
1	Schalotte
1	kleine Zucchini
1/2	rote Chilischote, ohne Samen und Scheidewände
100 g	Champignons
75 g	Basmatireis
	Salz
1 1/2 EL	Sesamöl
1	kleine Knoblauchzehe
100 ml	Kokosmilch, ungesüßt
1 gestr. EL	Currypulver
	etwas Sambal Oelek

Rezept für 2 Personen
40 Minuten Arbeit

1 Die Petersilienwurzeln putzen, waschen, schälen und in dünne Scheiben schneiden. Die Zuckerschoten putzen, abfädeln und waschen. Die Tomaten in kochendes Wasser geben, kurz darin ziehen lassen, herausnehmen, kalt abschrecken und schälen. Anschließend die Tomaten halbieren, den Stielansatz und die Kerne entfernen und das Fruchtfleisch in kleine Würfel schneiden. Die Schalotte schälen und fein hacken. Die Zucchini waschen, putzen und in Scheiben schneiden. Die Pilze putzen und in Scheiben schneiden.

2 Den Reis in ein Sieb geben und waschen, anschließend in einem Topf mit 200 ml Salzwasser aufkochen lassen und bei geringer Temperatur unter regelmäßigem Umrühren etwa 10 Minuten garen.

3 In der Zwischenzeit in einer Pfanne 1/2 EL Öl erhitzen. Darin die halbierte ungeschälte Knoblauchzehe mit der Chilischote etwa 1 Minute braten, Kokosmilch und Currypulver dazugeben, bei geringer Temperatur um ein Viertel reduzieren und durch ein Sieb in einen Topf abgießen.

4 In einer hohen Pfanne das restliche Öl erhitzen, die Petersilienwurzeln darin 2 Minuten braten, anschließend die Schalotten, Zuckerschoten, Zucchini, Pilze und Tomaten dazugeben und 2 Minuten mitbraten.

5 Das Gemüse in die Kokos-Currysauce geben, mit Salz und Sambal Oelek abschmecken.

6 Den Reis in ein Sieb abgießen und gut abtropfen lassen. Anschließend den Reis auf Teller verteilen, mit einer Schöpfkelle jeweils eine Mulde in die Mitte drücken, das Gemüse hineingeben und servieren.

Eine gute Tafel stillt
allen Groll des Spiels
und der Liebe.
Sie versöhnt alle
Menschen, bevor sie zu
Bette gehen.

Marquis de Vauvenargues

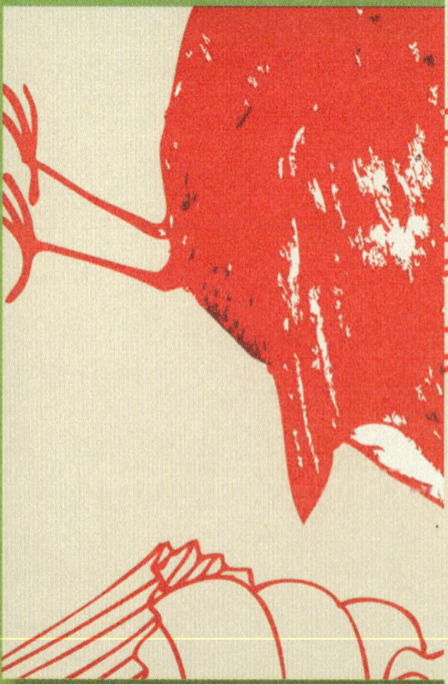

LOVE
Love

Rezept für 2 Personen
15 Minuten Arbeit

Tagliatelle
mit Garnelen und Feta-Knoblauch-Sahne

Die Nudeln in reichlich kochendem Salzwasser bissfest garen.

In der Zwischenzeit von den Garnelen jeweils den Kopf abtrennen, die Schale entfernen und dabei den Schwanz abdrehen. Anschließend den Rücken etwas einschneiden, den Darm herausziehen, die Garnelen gründlich waschen und trocken tupfen. Den Knoblauch schälen. Den Käse in kleine Würfel schneiden.

In einer Pfanne das Öl erhitzen, den Knoblauch dazupressen und kurz anschwitzen. Die Garnelen und die Sahne dazugeben, mit Salz und Pfeffer würzen und unter Rühren einige Minuten köcheln lassen.

Die Nudeln in ein Sieb abgießen und gut abtropfen lassen, anschließend die Nudeln auf Teller verteilen. Den Käse nur kurz unter die Sauce heben, die Garnelen mit der Sauce über die Nudeln geben und servieren.

200 g Tagliatelle
Salz
8 frische Garnelen, ungeschält (oder TK)
1 große Knoblauchzehe
50 g Feta
2 EL Olivenöl
100 ml Sahne (mindestens 30 % Fett)
frisch gemahlener Pfeffer

STEINPILZRISOTTO mit Wildentenleber

Rezept für 2 Personen
30 Minuten Arbeit

1	kleine Schalotte
6 EL	Butter
100 g	Risottoreis
50 ml	Weißwein
200 ml	heiße Wildbrühe
300 g	frische Wildentenleber
100 g	Steinpilze
30 g	Parmesan, frisch gerieben
	Salz
	frisch gemahlener Pfeffer

1 Die Schalotte schälen und fein hacken. In einem Topf 1 EL Butter erhitzen und die Schalotte darin glasig anschwitzen. Den Reis dazugeben und so lange unter Rühren mitbraten, bis alle Reiskörner mit Butter überzogen sind. Mit Weißwein ablöschen und bei geringer Temperatur köcheln lassen. Dabei regelmäßig umrühren und immer wieder so viel Brühe dazugießen, dass der Reis knapp davon bedeckt ist. Die Reiskörner sollten am Ende der Garzeit weich sein, aber im Innern noch einen festen Kern haben.

2 In der Zwischenzeit die Leber putzen, waschen und trocken tupfen. Die Pilze putzen und klein schneiden. In einer Pfanne 1 EL Butter erhitzen und die Pilze darin anbraten.

3 Den Parmesan mit 2 EL Butter unter den garen Reis rühren, falls nötig noch etwas Brühe dazugeben. Die Pilze unterheben und mit Salz und Pfeffer würzen.

4 In einer Pfanne die restliche Butter aufschäumen, die Leber kurz darin schwenken, aber nicht durchbraten, mit Salz und Pfeffer würzen.

5 Den Risotto auf zwei Teller verteilen und die Leber darauf anrichten.

Als Getränk einen guten Champagner dazu reichen.

Tipp: Man kann den Risotto auch mit anderen Pilzen (etwa Champignons oder Morcheln) zubereiten.

Rezept für 2 Personen
20 Minuten Arbeit

Zitronenspaghetti mit Spinat

Die Zwiebel schälen und fein hacken, den Knoblauch schälen und in Würfel schneiden. Den Spinat verlesen, grobe Stiele entfernen, gründlich waschen und gut abtropfen lassen. Von der gewaschenen halben Zitrone die Schale ohne das darunterliegende Weiße abschälen und in dünne Streifen schneiden, anschließend den Saft auspressen. Den Käse in kleine Würfel schneiden.

Die Nudeln in reichlich kochendem Salzwasser bissfest garen. Gegen Ende der Garzeit den Spinat zu den Nudeln geben und kurz ziehen lassen. Anschließend die Nudeln mit dem Spinat in ein Sieb abgießen und gut abtropfen lassen.

In einer großen Pfanne 2 EL Öl erhitzen, die Zwiebel und den Knoblauch darin anschwitzen. Die Nudeln mit dem Spinat und der Zitronenschale dazugeben, mit Muskatnuss, Pfeffer und etwas Chilipulver würzen. Das verquirlte Eigelb und den Käse unterheben und gut vermischen.

Die Spaghetti auf Teller verteilen, mit etwas Olivenöl und Zitronensaft beträufelt servieren.

1	kleine weiße Zwiebel
2	mittelgroße Knoblauchzehen
150 g	Blattspinat
1/2	unbehandelte Zitrone
60 g	Büffelmozzarella
250 g	Spaghetti
	Salz
	Olivenöl
1 Prise	frisch geriebene Muskatnuss
	frisch gemahlener Pfeffer
	Chilipulver
1	Eigelb

LACHS
mit warmer Tomaten-Kräuter-Vinaigrette

Rezept für 2 Personen
15 Minuten Arbeit

2	Lachsfilets (à 200 g)
1	Schalotte
2	kleine Tomaten
1 1/2 EL	Weißweinessig
50 ml	Weißwein
50 ml	Fischfond (Glas)
1 EL	trockener Wermut
	Salz
	frisch gemahlener Pfeffer
40 ml	Olivenöl
20 g	Butter
1 EL	frisch gehackte gemischte Kräuter (z. B. Petersilie, Kerbel, Estragon)
1 Spritzer	Zitronensaft

1 Den Fisch waschen und trocken tupfen.

2 Die Schalotte schälen und sehr fein hacken. Die Tomaten in kochendes Wasser geben, kurz darin ziehen lassen, herausnehmen, kalt abschrecken und enthäuten. Anschließend die Tomaten halbieren, den Stielansatz und die Kerne entfernen und das Fruchtfleisch in sehr kleine Würfel schneiden.

3 Die Schalotte mit dem Essig in einen kleinen Topf geben, aufkochen und etwa 1 Minute einköcheln lassen. Den Wein angießen und um zwei Drittel reduzieren. Fond und Wermut dazugeben und die Flüssigkeit auf die Hälfte einköcheln lassen. Die Reduktion mit Salz und Pfeffer abschmecken, vom Herd nehmen und langsam das Öl einrühren, bis die Sauce eindickt, anschließend durch ein feines Sieb abgießen und warm halten.

4 In einer Pfanne die Butter erhitzen. Den Fisch mit Salz und Pfeffer würzen und in der Butter auf jeder Seite 4–5 Minuten braten.

5 Die Tomaten und die Kräuter mit dem Zitronensaft unter die Sauce heben. Die Lachsfilets auf zwei Teller geben, die warme Vinaigrette darüber verteilen und servieren.

Am besten schmecken dazu Salzkartoffeln.

Jede Frau ist für gutes Essen anfällig.

Giacomo Casanova

Rezept für 2 Personen
20 Minuten Arbeit

Thunfisch auf Avocado-Tomaten-Tatar

Die Tomaten in kochendes Wasser geben, kurz darin ziehen lassen, herausnehmen, kalt abschrecken und enthäuten. Anschließend die Tomaten halbieren, den Stielansatz und die Kerne entfernen und das Fruchtfleisch in etwa 1 cm große Würfel schneiden.

Die Avocado halbieren und den Stein entfernen. Das Fruchtfleisch mit einem Löffel aus der Schale lösen, ebenfalls in 1 cm große Würfel schneiden und mit etwas Limettensaft beträufeln. Anschließend die Avocado mit den Tomaten in eine Schüssel geben, mit Salz, Pfeffer und Piment d'Espelette abschmecken und das Olivenöl vorsichtig unterheben.

Das Tatar auf zwei Teller verteilen.

Den Fisch waschen, trocken tupfen und mit Salz und Cayennepfeffer würzen. In einer Pfanne das Öl mit der Butter erhitzen und den Fisch auf beiden Seiten jeweils etwa 1 Minute anbraten, sodass er im Kern noch fast roh ist.

Die Thunfischfilets in dünne Scheiben schneiden, diese auf das Avocadotatar legen und mit je 1 TL Bratensaft beträufelt servieren.

2	mittelgroße Strauchtomaten
1	vollreife Avocado
	Limettensaft
	Salz
	frisch gemahlener Pfeffer
	Piment d'Espelette
1 EL	Olivenöl
2	Thunfischfilets (à 120 g)
1 TL	Öl
1 TL	Butter

fantastic

Thunfischsteak mit Kapern

1 unbehandelte Zitrone
2 Thunfischsteaks
(je etwa 250 g;
Sushiqualität, oder TK)
rote Pfefferbeeren
Öl
Salz
100 ml Sahne
(mindestens
30 % Fett)
1 EL Kapern

Rezept für 2 Personen
10 Minuten Arbeit

1 Die gewaschene Zitrone abtrocknen, schälen und in dünne Scheiben schneiden.

2 Den Thunfisch waschen und trocken tupfen. In einer Pfanne etwas Öl erhitzen und den Fisch auf beiden Seiten jeweils höchstens 2 Minuten kräftig anbraten, herausnehmen, mit Salz würzen und zwischen zwei vorgewärmten Tellern warm halten.

3 Die Zitronenscheiben in das Bratfett geben und kurz anbraten, die Sahne angießen und etwas einkochen lassen, anschließend die Kapern und die Pfefferbeeren dazugeben.

4 Die Thunfischsteaks auf Tellern anrichten, die Sauce darübergeben und servieren.

Dazu passt gut ein Risotto.

Es muss von Herzen kommen,
was auf Herzen wirken soll.

Johann Wolfgang von Goethe

GEFÜLLTE FORELLE

300 g	festkochende Kartoffeln
	Salz
2	Forellen, küchenfertig
3 EL	Olivenöl
	frisch gemahlener Pfeffer
6 dünne Scheiben	einer unbehandelten Zitrone
2 EL	Butter
4 kleine Zweige	Rosmarin
50 ml	Milch
50 ml	Sahne (mindestens 30 % Fett)
40 g	Butter (für das Püree)

Rezept für 2 Personen
10 Minuten Arbeit

1 Den Backofen auf 180 °C vorheizen.

2 Die geschälten, gewaschenen Kartoffeln in reichlich kochendem Salzwasser zugedeckt weich garen.

3 Die Fische unter fließendem kaltem Wasser gründlich waschen, trocken tupfen, innen und außen mit Öl und anschließend mit Salz und Pfeffer einreiben. Jeweils drei Zitronenscheiben, 1 EL Butter in Flöckchen und zwei Rosmarinzweige in die Bauchhöhle geben.

4 Die Fische jeweils in geöltes Küchnepergament einpacken und auf dem Rücken liegend im Backofen 25–30 Minuten garen.

5 In der Zwischenzeit die Kartoffeln abgießen, gut ausdampfen lassen und noch heiß durch die Kartoffelpresse drücken.

6 Die Milch mit der Sahne und der Butter aufkochen lassen, anschließend nach und nach unter die Kartoffeln rühren, mit Salz und Pfeffer abschmecken.

7 Die Forellen aus dem Ofen nehmen, die Päckchen öffnen, auf zwei Teller geben und mit dem Kartoffelpüree servieren.

Tipp: Das Püree bekommt einen etwas nussigen Geschmack, wenn man die Hälfte der Butter in einer Pfanne leicht bräunt und zum Schluss darübergibt.

Rezept für 2 Personen
20 Minuten Arbeit
plus 12 Stunden Kühlzeit

Seezungen-röllchen

Den Fisch waschen, trocken tupfen, auf der Hautseite mit einem scharfen Messer mehrmals schräg einritzen, mit Salz und Pfeffer würzen. Die Fischfilets mit der Hautseite nach innen aufrollen und dicht nebeneinander in eine ofenfeste Form setzen.

Die Frühlingszwiebeln putzen, waschen und schräg in dünne Ringe schneiden.

Den Orangensaft mit dem Zitronensaft, der Zitronenschale, den Rosinen und etwas Pfeffer vermischen und gleichmäßig über den Fisch verteilen. Die Frühlingszwiebeln darüberstreuen, mit Olivenöl beträufeln und abgedeckt für 12 Stunden in den Kühlschrank stellen.

Den Backofen auf 225 °C vorheizen.

Die Seezungenröllchen im Backofen etwa 20–25 Minuten garen, herausnehmen und servieren.

2	Seezungenfilets, mit Haut
	Salz
	frisch gemahlener weißer Pfeffer
1 1/2	Frühlingszwiebeln
	Saft von 1/2 Orange
	Saft und abgeriebene Schale von 1/2 unbehandelten Zitrone
1 EL	Rosinen
3 EL	Olivenöl

JAKOBS-MUSCHELN
auf frischen Bandnudeln

200 g	frische Bandnudeln
	Salz
3 EL	Butter
8	ausgelöste Jakobsmuscheln (ohne Corail)
	Cayennepfeffer
150 g	Crème fraîche

Rezept für 2 Personen
10 Minuten Arbeit

1 Die Nudeln in reichlich kochendem Salzwasser bissfest garen, in ein Sieb abgießen und gut abtropfen lassen. Anschließend die Nudeln mit 1 EL Butter wieder in den Topf zurückgeben und warm halten.

2 Die Muscheln unter fließendem Wasser waschen, trocken tupfen und je nach Größe ein- bis zweimal der Länge nach durchschneiden, sodass kleine »Schnitzel« entstehen.

3 In einer großen Pfanne die restliche Butter erhitzen, die Muscheln darin bei mittlerer Temperatur leicht anbraten, mit Salz und Cayennepfeffer würzen. Die Crème fraîche dazugeben, kurz erhitzen und mit Salz und etwas Cayennepfeffer abschmecken.

4 Die Bandnudeln auf Teller verteilen, die Jakobsmuscheln mit der Sauce darübergeben und servieren.

Tipp: Jakobsmuscheln schmecken auch wunderbar, wenn sie in Olivenöl gebraten werden. Wer ein etwas würzigeres Aroma mag, kann die Muscheln in Speckfett braten. Dazu schneidet man schwach geräucherten fetten Speck in Würfel, erhitzt ihn in einer Pfanne und würzt ihn mit Salz, bevor er glasig wird. Dann gibt man die Muscheln dazu, brät sie leicht an, würzt sie mit Salz und Cayennepfeffer und verteilt sie über den Nudeln. Man kann sie aber auch als Suppeneinlage verwenden.

Hunger und Liebe sind die Triebkräfte aller menschlichen Handlungen.

Anatole France

Rezept für 2 Personen
20 Minuten Arbeit

Venusmuscheln mit scharfer Bohnensauce

Die Muscheln gründlich unter fließendem Wasser waschen.

Den Knoblauch und die Schalotten schälen und sehr fein hacken. Die gewaschenen Chilischoten vom Stielansatz befreien, der Länge nach halbieren, Samen und Scheidewände entfernen, anschließend klein schneiden. Die Basilikumblätter waschen und trocken tupfen.

In einem Wok oder einer Pfanne das Öl erhitzen, den Knoblauch mit dem Ingwer 1/2 Minute darin anschwitzen, die Schalotten dazugeben und 1 Minute unter Rühren braten.

Die Muscheln in den Wok geben und wenden, bis sie gleichmäßig mit Öl überzogen sind. Die Bohnenpaste und die Hälfte der Chilischoten dazugeben und 5–6 Minuten unter gelegentlichem Rühren weitergaren, bis alle Muscheln geöffnet sind. Etwas Wasser angießen, Zucker und Fischsauce dazugeben.

Die Venusmuscheln auf Teller verteilen, die restlichen Chilis und das Basilikum darübergeben und servieren.

500 g	frische Venusmuscheln
2	Knoblauchzehen
2	Schalotten
3	rote Chilischoten
	einige Basilikumblätter
2 EL	Öl
1 TL	frisch geriebener Ingwer
1 EL	gelbe Bohnenpaste (aus dem Asialaden)
1 Prise	Zucker
1 TL	Fischsauce

Riesengarnelen mit Chili

10 Riesengarnelen, ungeschält
1 kleine Knoblauchzehe
2 EL Olivenöl
1 Prise Chiliflocken
1/2 Baguette

Rezept für 2 Personen
10 Minuten Arbeit

1 Die Garnelen waschen und trocken tupfen. Den Knoblauch schälen und in dünne Scheiben schneiden oder fein hacken.

2 In einer Pfanne das Öl erhitzen und den Knoblauch mit den Chiliflocken etwa 1 Minute anschwitzen. Die Garnelen dazugeben und einige Minuten auf beiden Seiten braten, bis sie eine rote Farbe angenommen haben.

3 Die Garnelen auf zwei Teller verteilen und mit Baguette servieren.

ENTENBRUST
mit Orangensauce

2	mittelgroße Entenbrüste
	Salz
	frisch gemahlener Pfeffer
2	unbehandelte Orangen
1 EL	Öl
1	Schalotte
2 EL	Zucker
3 EL	Weißweinessig
1/16 l	Weißwein
2 cl	Orangenlikör (z. B. Grand Marnier)
	etwas Speisestärke (nach Bedarf)

Rezept für 2 Personen
30 Minuten Arbeit

1 Die Entenbrüste waschen, trocken tupfen und die Haut rautenförmig einschneiden. Anschließend die Brüste auf der Hautseite mit Salz und Pfeffer würzen.

2 Den Backofen auf 90 °C vorheizen.

3 Die Orangen gründlich waschen und abtrocknen. Die Orangenschale ohne das darunterliegende Weiße abschälen und in dünne Streifen schneiden. Von einer Orange den Saft auspressen, von der zweiten Orange die weiße Haut sorgfältig abschneiden und die geschälte Frucht filetieren.

4 In einer Pfanne das Öl erhitzen und die Entenbrüste auf der Hautseite in 3–4 Minuten knusprig anbraten, wenden und auf der Fleischseite weitere 2–3 Minuten braten. Die Entenbrüste herausnehmen und in Alufolie gewickelt im Backofen etwa 25 Minuten garen.

5 In der Zwischenzeit die Schalotte schälen, sehr fein hacken und im Bratfett kurz anschwitzen, den Zucker dazugeben und leicht karamellisieren. Essig, Wein, Orangensaft und -filets zu den Schalotten geben, 2–3 Minuten leicht köcheln lassen, den Orangenlikör unterrühren und mit Salz und Pfeffer abschmecken. Falls die Sauce nicht sämig genug ist, mit etwas angerührter Speisestärke binden.

6 Die Entenbrüste aus dem Ofen nehmen und in Scheiben geschnitten mit der Orangensauce anrichten.

Als Beilage ein Gratin dauphinois dazu servieren.

Allem kann ich widerstehen,
nur der Versuchung nicht.

Oscar Wilde

HIRSCH-GULASCH

1/4	Knolle Sellerie
1	kleine Karotte
5	Wacholderbeeren
5	schwarze Pfefferkörner
3	Nelken
1 kleiner	Zweig Rosmarin
1 Zweig	Thymian
250 ml	Rotwein
350 g	Hirschgulasch
20 g	Butterschmalz
250 ml	dunkler Wildfond (Glas)
1 EL	Johannisbeergelee
	Salz
	frisch gemahlener Pfeffer
1 EL	Sauerrahm

Rezept für 2 Personen
30 Minuten Arbeit
etwa 12 Stunden
Marinier- und Garze

1 Den Sellerie und die Karotte putzen, waschen, schälen und in kleine Würfel schneiden. Das Gemüse mit den zerdrückten Wacholderbeeren, den Pfefferkörnern, Nelken und Kräuterzweigen in eine Schüssel geben und mit Wein aufgießen. Das Fleisch waschen, trocken tupfen, in die Marinade geben und zugedeckt über Nacht im Kühlschrank ziehen lassen.

2 Das Fleisch aus der Marinade nehmen und trocken tupfen. In einem Topf das Butterschmalz erhitzen und das Fleisch darin von allen Seiten gut anbraten. Die Marinade und den Fond angießen und das Fleisch etwa 1 Stunde 15 Minuten schmoren lassen.

3 Das Fleisch aus der Sauce nehmen und warm halten. Die Sauce auf die Hälfte reduzieren und durch ein feines Sieb streichen.

4 Das Gelee unterrühren, mit Salz und Pfeffer abschmecken. Das Gulasch mit Sauerrahm vollenden und servieren.

Tipp: Nach Belieben kann man die Sauce noch mit etwas angerührter Speisestärke binden.

KANINCHEN-INNEREIEN mit Pilzen

1	Kaninchenleber
2	Kaninchennieren
120 g	Champignons (oder 15 g getrocknete Morcheln, eingeweicht)
1	kleine Schalotte
1/4	junge Zwiebel
etwa 50 g	Butter
1 EL	Madeira
1 EL	Portwein
2 EL	Trüffelsaft (nach Belieben)
	Salz
	frisch gemahlener Pfeffer
	Öl
1 EL	frisch gehackte Petersilie

Rezept für 2 Personen
20 Minuten Arbeit

1 Die Innereien putzen, waschen, trocken tupfen und in etwa 3 mm dicke Scheiben schneiden. Die geputzten Pilze ebenfalls in etwa 3 mm dicke Scheiben schneiden. Die Schalotte schälen und sehr fein hacken. Die geschälte Zwiebel in dünne Scheiben schneiden.

2 In einem kleinen Topf etwa 15 g Butter erhitzen und aufschäumen lassen. Die Schalotte darin glasig anschwitzen, anschließend mit Madeira, Portwein und nach Belieben Trüffelsaft ablöschen. Mit Salz und Pfeffer würzen, die Sauce vom Herd nehmen und zugedeckt warm halten.

3 In einer Pfanne etwa 15 g Butter erhitzen und die Pilze darin braten, bis die austretende Flüssigkeit fast vollständig verdampft ist. Mit Salz und Pfeffer würzen und die Zwiebelscheiben darüberstreuen.

4 Die Innereien mit Salz und Pfeffer würzen. In einer weiteren Pfanne etwas Öl stark erhitzen und die Innereien darin 20 Sekunden von allen Seiten kräftig anbraten. Anschließend 10 g Butter dazugeben, nochmals 20 Sekunden braten und vom Herd nehmen.

5 Etwa 10 g Butter unter die Sauce rühren, die Pilze unterheben und auf Teller verteilen. Die Innereien darübergeben und mit Petersilie garniert servieren.

Eine passende Beilage sind Kartoffelpüree und Keniabohnen.

Rezept für 2 Personen
20 Minuten Arbeit

Leber-geschnetzeltes mit Majoran

Die Leber waschen, trocken tupfen, häuten, in dünne Streifen schneiden und mit etwas Pfeffer würzen.

Die Zwiebeln schälen und in sehr dünne Ringe schneiden. In einer Pfanne die Butter erhitzen und die Zwiebeln mit dem Majoran darin bei mittlerer Temperatur etwa 10 Minuten anschwitzen, ohne dass die Zwiebeln Farbe annehmen. Anschließend den Paprika dazugeben und gut untermischen.

Die Leber in die Pfanne geben und bei mittlerer Temperatur 5–7 Minuten unter gelegentlichem Rühren braten. Mit Salz und Pfeffer abschmecken und servieren.

Eine passende Beilage sind Bratkartoffeln.

400 g	Schweineleber (oder Kalbsleber)
	frisch gemahlener Pfeffer
3	mittelgroße Zwiebeln
2 EL	Butter
2 EL	frisch gehackter Majoran
2 EL	edelsüßes Paprikapulver
	Salz

KALBSLEBER
Florentiner Art

Rezept für 2 Personen
30 Minuten Arbeit

2	mittelgroße Schalotten
1 EL	Butter
2 EL	Honig
	Saft von 1 Zitrone
100 ml	Noilly Prat (oder anderer trockener Wermut)
100 ml	Balsamico
200 ml	Kalbsfond (Glas)
	frisch gemahlener Pfeffer (grob gemahlen)
2	große Knoblauchzehen
2	mittelgroße Rosmarinzweige
2	mittelgroße Thymianzweige
	Butter (zum Braten)
	Öl
2	mittelgroße, gleichmäßig dicke Scheiben Kalbsleber
	Salz
	etwas Speisestärke (nach Bedarf)

1 Die Schalotten schälen und fein hacken. In einem Topf die Butter erhitzen und die Schalotten darin glasig anschwitzen. Den Honig dazugeben und leicht karamellisieren, mit Zitronensaft und Noilly Prat ablöschen und auf die Hälfte reduzieren. Den Balsamico dazugeben und wieder um die Hälfte reduzieren. Den Fond angießen, mit Pfeffer würzen und 10 Minuten köcheln lassen, bis die Sauce glänzt und eine sirupartige Konsistenz besitzt.

2 In der Zwischenzeit die ungeschälten Knoblauchzehen fest andrücken, die Rosmarin- und Thymianzweige waschen und trocken tupfen. Etwas Butter mit Öl erhitzen, den Knoblauch mit den Kräuterzweigen etwa 15 Minuten darin ziehen lassen, anschließend herausnehmen und in die Sauce geben.

3 Nochmals etwas Butter und Öl in der Pfanne erhitzen. Die gewaschene, trocken getupfte und gehäutete Leber darin bei mittlerer Temperatur rosa braten, herausnehmen und mit Salz und Pfeffer würzen.

4 Die Kräuter und Knoblauchzehen aus der Sauce nehmen. Falls die Sauce noch nicht sämig genug sein sollte, mit etwas angerührter Speisestärke binden und mit der Kalbsleber anrichten.

Dazu schmeckt gut ein Gratin dauphinois.

Wo der Wein fehlt, da stirbt der Reiz der Venus.

Euripides

Kalbsniere mit Champignons

Rezept für 2 Personen
25 Minuten Arbeit

1	Kalbsniere (etwa 400 g)
1	Schalotte
150 g	Champignons
3	EL Butter
	Salz
	frisch gemahlener Pfeffer
4 EL	Madeira
200 ml	Kalbsfond (Glas)
150 ml	Sahne (mindestens 30 % Fett)

1 Die Niere waschen, anhaftendes Fett entfernen und häuten. Anschließend der Länge nach halbieren, Fettgewebe und Röhren herausschneiden. Die Niere nochmals gründlich waschen, trocken tupfen und in etwa 1 1/2 cm große Würfel schneiden. Die Schalotte schälen und sehr fein hacken, die Pilze putzen und in Scheiben schneiden.

2 In einer Pfanne 2 EL Butter erhitzen und die Schalotte darin glasig anschwitzen. Die Niere portionsweise dazugeben und bei mittlerer Temperatur rundherum anbraten, herausnehmen, mit Salz und Pfeffer würzen und mit Alufolie bedeckt warm halten.

3 Die restliche Butter zum Bratfett geben, die Pilze darin kurz anbraten und mit Madeira ablöschen. Den Fond angießen, aufkochen lassen und reduzieren. Etwas Sahne dazugießen, wieder reduzieren und den Vorgang wiederholen, bis die Sahne aufgebraucht ist.

4 Sobald die Sauce sämig ist, mit Salz und Pfeffer abschmecken, die Niere mit dem ausgetretenen Fleischsaft dazugeben, nur kurz erwärmen und servieren.

Als Beilage Kartoffelpüree oder Reis dazu reichen.

Tipp: Man kann das Rezept auch variieren, indem man statt mit Madeira die angebratenen Pilze mit 4 EL trockenem Rotwein ablöscht. Oder man verwendet hierzu 4 EL trockenen Weißwein und rührt noch 1 EL scharfen Senf (z. B. Dijonsenf) unter, bevor man die Sahne angießt.

Rezept für 2 Personen
15 Minuten Arbeit

Kalbs-schnitzel

Die Schnitzel waschen, trocken tupfen, unter einem Stück Frischhaltefolie etwas platt klopfen und auf beiden Seiten mit Salz und Pfeffer würzen.

Auf einen Teller das Mehl geben, in einem zweiten, tiefen Teller die Eier mit der Sahne verquirlen und auf einen weiteren Teller die Brösel schütten.

Die Schnitzel jeweils zuerst im Mehl wenden, überschüssiges Mehl abklopfen. Anschließend die Schnitzel durch die Ei-Sahne-Mischung ziehen und zuletzt in den Bröseln wenden.

In einer Pfanne Öl und Butter erhitzen und die Schnitzel darin schwimmend bei mittlerer Temperatur auf beiden Seiten goldbraun backen.

Die Schnitzel aus der Pfanne nehmen, auf Küchenpapier abtropfen lassen und mit je einem Zitronenviertel garniert servieren.

Passend dazu Kartoffelsalat oder grünen Salat reichen. Und ein gut gekühltes Bier.

2 dünne Kalbsschnitzel (je etwa 120 g)
Salz
frisch gemahlener Pfeffer
40 g Wiener Grießler (doppelgriffiges Mehl)
2 Eier
2 EL Sahne (mindestens 30 % Fett)
100 g Semmelbrösel
200 ml Öl (oder Gänseschmalz)
2 EL Butter
2 Zitronenviertel (unbehandelt)

KALBSRAHM-GULASCH mit Pfifferlingen

Rezept für 2 Personen
30 Minuten Arbeit

650 g	Kalbfleisch (z. B. Hüfte)
100 g	Zwiebeln
1	Knoblauchzehe
1/2	unbehandelte Zitrone
1 EL	Butterschmalz
1–2 EL	edelsüßes Paprikapulver
1 TL	Tomatenmark
300 ml	Fleischbrühe (Instant)
100 ml	Sahne (mindestens 30 % Fett)
200 g	Pfifferlinge (oder Champignons)
1 TL	Butter
	Salz
	frisch gemahlener Pfeffer
1 TL	Speisestärke
1 EL	Schnittlauchröllchen

1 Das Fleisch waschen, trocken tupfen und in 2 cm große Würfel schneiden.

2 Zwiebeln und Knoblauch schälen und fein hacken. Von der Zitrone ein Stück Schale dünn abschälen, anschließend den Saft auspressen.

3 In einem Bratentopf das Butterschmalz erhitzen, Zwiebeln und Knoblauch darin anschwitzen, Paprika, Tomatenmark und etwas Zitronensaft unterrühren.

4 Das Fleisch zu den Zwiebeln geben und 5 Minuten anbraten, die Zitronenschale dazugeben, Brühe und Sahne angießen und zugedeckt bei geringer Temperatur 45 Minuten köcheln lassen.

5 In der Zwischenzeit die Pilze putzen und eventuell klein schneiden. In einer Pfanne die Butter erhitzen, die Pilze darin garen, mit Salz, Pfeffer und etwas Zitronensaft abschmecken.

6 Die Zitronenschale aus dem Gulasch entfernen, die Sauce mit der angerührten Stärke binden und mit Salz, Pfeffer und Zitronensaft kräftig abschmecken. Das Gulasch mit den Pfifferlingen und mit Schnittlauchröllchen garniert servieren.

Dazu Polenta und einen grünen Salat reichen.

Rezept für 2 Personen
20 Minuten Arbeit

Kalbsmedaillons
auf grünem Spargel

Den Backofen auf 200 °C vorheizen.

Den Spargel waschen, das untere Drittel der Spargelstangen schälen, die holzigen Enden abschneiden. Anschließend in kochendem Salzwasser etwa 5 Minuten garen, herausnehmen, kalt abschrecken und gut abtropfen lassen.

Das Fleisch waschen und trocken tupfen. In einer Pfanne das Butterschmalz erhitzen, die Medaillons darin bei hoher Temperatur auf beiden Seiten anbraten, herausnehmen und mit Salz und Pfeffer würzen.

Eine ofenfeste Form mit Butter einfetten, den Spargel nebeneinander hineinlegen und die Medaillons daraufsetzen. Die Medaillons mit jeweils einer Scheibe Käse belegen, im Ofen etwa 10 Minuten überbacken, herausnehmen und servieren.

300 g	grüner Spargel
	Salz
2	Kalbsmedaillons (je etwa 120 g)
1 EL	Butterschmalz
	frisch gemahlener Pfeffer
	Butter
2 Scheiben	Käse mit Holzascheschicht (z. B. Morbier)

FILET WELLINGTON

Rezept für 2 Personen
20 Minuten Arbeit

1	Schalotte
1	kleine Knoblauchzehe
100 g	Champignons (oder Egerlinge)
25 g	Butter
1/4 TL	frisch gehackter Thymian
1/2 TL	frisch gehackte Petersilie
	Salz
	frisch gemahlener Pfeffer
2 Scheiben	Rinderfilet (à 150 g)
1 EL	Olivenöl
1 Rolle	frischer Blätterteig (oder TK-Blätterteig)
	Mehl
60 g	Leberpastete
1	Ei

1 Den Backofen auf 225 °C vorheizen.

2 Die Schalotte und den Knoblauch schälen und sehr fein hacken. Die Pilze putzen und in kleine Würfel schneiden.

3 In einer Pfanne die Butter erhitzen, die Schalotten mit dem Knoblauch darin bei mittlerer Temperatur 2–3 Minuten anbraten. Die Pilze mit den Kräutern dazugeben und braten, bis die austretende Flüssigkeit fast vollständig verdampft ist, anschließend mit Salz und Pfeffer würzen.

4 Das Fleisch waschen, trocken tupfen und mit etwas Salz und reichlich Pfeffer würzen. Das Öl in einer Pfanne erhitzen und die Filetscheiben darin auf beiden Seiten jeweils 1–2 Minuten scharf anbraten.

5 Den Blätterteig auf die bemehlte Arbeitsfläche legen und daraus zwei Teigstücke schneiden, welche so groß sind, dass sich die Filetscheiben jeweils vollständig darin einschlagen lassen. Auf jedes Teigstück etwas Pilzmischung geben und eine Filetscheibe daraufsetzen. Anschließend das Fleisch mit Leberpastete bestreichen.

6 Das Ei mit 1 TL Wasser verquirlen, die Ränder der Teigstücke damit bestreichen, die Seiten nach oben über das Fleisch schlagen und gut zusammendrücken. Die eingehüllten Filetscheiben mit Ei bestreichen, auf ein angefeuchtetes Backblech legen, im Ofen in etwa 20 Minuten goldbraun backen und servieren.

Die Liebe ist
ein Göttertrank,
aber kein Tischwein.

Sprichwort aus Spanien

RINDER-FILETSTEAK mit Pfeffersauce

Rezept für 2 Personen
10 Minuten Arbeit

1	Schalotte
1 TL	schwarze Pfefferkörner (oder weiße Pfefferkörner)
1 EL	Butter
70 ml	Portwein (oder Madeira)
70 ml	Brühe (z. B. Instant-Gemüsebrühe)
100 g	Sahne (mindestens 30 % Fett)
	Salz
2	Rinderfiletsteaks, aus dem Mittelstück (1 1/2–2 cm dick)
2 EL	Öl
	frisch gemahlener Pfeffer

1 Die Schalotte schälen und fein hacken. Die Pfefferkörner im Mörser zerdrücken. In einem Topf die Butter aufschäumen lassen und die Pfefferkörner mit der Schalotte darin anschwitzen, bis die Schalotte weich ist. Den Portwein angießen und einköcheln lassen. Die Brühe dazugeben und wieder einköcheln lassen. Die Sahne dazugießen und sanft köcheln lassen, bis die Sauce sämig ist. Anschließend mit Salz abschmecken und im Mixer fein pürieren.

2 In der Zwischenzeit die Steaks waschen, trocken tupfen und leicht flach drücken.

3 Das Öl in einer Pfanne erhitzen und die Steaks darin bei mittlerer Temperatur auf beiden Seiten jeweils 2–3 Minuten braten. Die Pfanne vom Herd nehmen und die Steaks darin noch 1 Minute ziehen lassen.

4 Die Filetsteaks mit Salz und Pfeffer würzen und mit der Pfeffersauce servieren.

Dazu passen gut Keniabohnen oder ein grüner Salat.

Nach

REZEPTE, WENN DER SCHATZ ZUM ESSEN KOMMT ...

speisen

menu

Rezept für 2 Personen
10 Minuten Arbeit
plus Ziehzeit

Beerencocktail mit Crème de Cassis

Die Stachelbeeren verlesen, jeweils Stiel und Blüte entfernen, waschen, trocken tupfen und halbieren. Die verlesenen Johannisbeeren kurz waschen, gut abtropfen lassen und die Beeren von den Rispen streifen.

Die Beeren in eine Schüssel geben und mit Zucker, Zitronensaft und Likör vermischt einige Stunden im Kühlschrank durchziehen lassen, anschließend servieren.

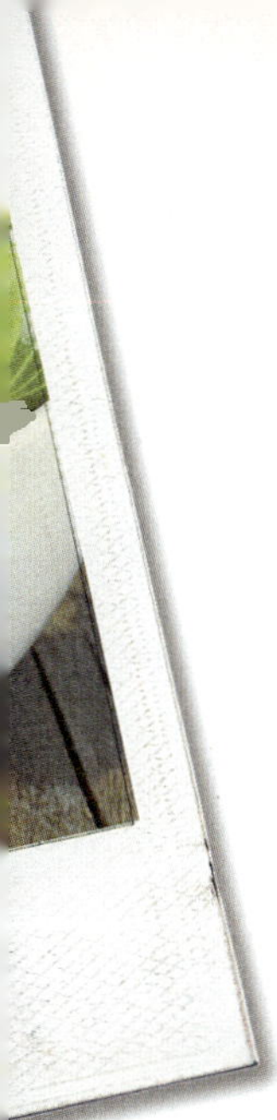

100 g frische Stachelbeeren
100 g frische Rote Johannisbeeren
100 g frische Schwarze Johannisbeeren
50 g Zucker
Saft von 1/2 Zitrone
2 EL Crème de Cassis (Likör aus Schwarzen Johannisbeeren)

BASILIKUM-SORBET

1/2 Topf	Basilikum
400 ml	Weißwein (Grauburgunder)
100 g	Zucker
	Basilikum- oder Minzeblättchen zum Garnieren

Rezept für 2 Personen
30 Minuten Arbeit

1 Das Basilikum waschen, trocken tupfen und die Blätter abzupfen.

2 Den Wein mit dem Zucker und den Basilikumstielen zum Kochen bringen, auf die Hälfte reduzieren und anschließend im Gefrierfach auf 3–6 °C herunterkühlen. Die Basilikumstiele aus der Reduktion entfernen, die Basilikumblätter dazugeben, sehr fein mixen und durch ein Haarsieb passieren.

3 Die Sorbetmasse in der Eismaschine gefrieren lassen.

4 Vom Basilikumsorbet mit einem Esslöffel Nocken abstechen, auf zwei Dessertteller geben und mit Basilikum- oder Minzeblättchen garniert servieren.

Tipp: Man kann das Sorbet auch in kleinen Espressotassen oder Schnapsgläsern anrichten.
Wer keine Eismaschine besitzt, kann die Sorbetmasse auch in eine flache Schüssel geben und im Gefrierfach gefrieren lassen. Während der Gefrierzeit die Masse etwa alle 45 Minuten umrühren. Die Zubereitung für den Abend sollte hier allerdings bereits am frühen Nachmittag erfolgen.

Himbeerdessert mit Baisers

100 g Sahne (mindestens 30 % Fett)
150 g TK-Himbeeren
2 Päckchen Bourbon-Vanillezucker
einige Baisers

Rezept für 2 Personen
15 Minuten Arbeit

1 Die Sahne sehr steif schlagen.

2 Die gefrorenen Himbeeren auf zwei Dessertschalen oder Gläser verteilen und gleichmäßig mit Vanillezucker bestreuen.

3 Die Sahne über die Beeren streichen.

4 Die Baisers zerdrücken und die Krümel über die Sahne streuen.

5 Das Himbeerdessert bis zum Servieren in den Kühlschrank stellen.

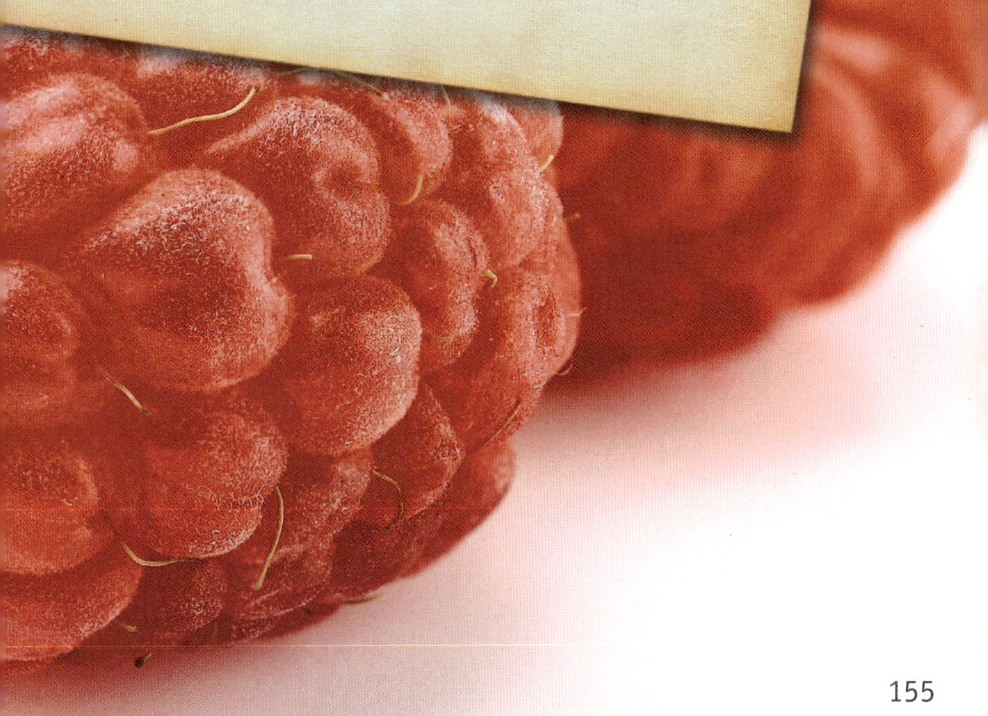

Ich liebe mein Leben,
weil du die Süßigkeit
meines Lebens bist.

Nikolaus von Kues

Rezept für 2 Personen
10 Minuten Arbeit

Gebackene Ananas
mit Vanilleeis

Den Backofen auf 200 °C vorheizen.

Von der Ananas die Blattkrone und den Stielansatz abschneiden. Anschließend die Ananashälfte der Länge nach durchschneiden, den holzigen Strunk entfernen und die Fruchtviertel quer in Scheiben schneiden. Die Scheiben schälen und das Fruchtfleisch in Würfel schneiden.

Die Ananaswürfel mit Honig beträufeln, auf ein mit Backpapier belegtes Backblech legen und im Backofen auf der obersten Schiene 10–15 Minuten backen. Nach der Hälfte der Backzeit wenden.

In der Zwischenzeit die Melisse waschen und trocken tupfen.

Die Ananaswürfel aus dem Ofen nehmen, mit den Kokosraspeln bestreuen und auf zwei Dessertteller verteilen. Anschließend mit je einer Kugel Vanilleeis und mit Melisse garniert servieren.

1/2 Ananas
1 TL Honig
4 Melisseblättchen
1 EL Kokosraspel
2 Kugeln Vanilleeis

exotic

Marinierte Erdbeeren

250 g frische Erdbeeren
1 TL Puderzucker
1 EL Orangenlikör
(z. B. Grand Marnier)

2 Kugeln Vanilleeis

Rezept für 2 Personen
5 Minuten Arbeit

1 Die gewaschenen Erdbeeren putzen, trocken tupfen und vierteln. Die Beeren mit dem Puderzucker und dem Likör vorsichtig mischen und etwa 10 Minuten ziehen lassen.

2 Die marinierten Erdbeeren auf zwei Dessertschalen oder Gläser verteilen und mit jeweils einer Kugel Vanilleeis servieren.

Tipp: Besonders hübsch sieht es aus, wenn man die Erdbeeren noch mit einigen essbaren Blüten aus dem Bioladen garniert.

Die Männer lieben jene Frauen am leidenschaftlichsten, die es verstehen, ihnen die leckersten Dinge vorzusetzen.

Honoré de Balzac

MOUSSE AU CHOCOLAT

mit karamellisierter Birne

1	Eiweiß
150 ml	Sahne (mindestens 30 % Fett)
150 g	Bitterschokolade (mindestens 70 % Kakaoanteil)
2	Eigelb
70 g	Zucker
1/2 Päckchen	Vanillezucker
1 EL	Cognac
3 EL	kalter Espresso (oder starker Kaffee)
1/2	süße Birne
	Zucker (zum Karamellisieren)

Rezept für 2 Personen
(Die 3. Portion wird geteilt!)
30 Minuten Arbeit
plus 3 Stunden Kühlzeit

1 Das Eiweiß steif schlagen und in den Kühlschrank stellen. Die Sahne steif schlagen und ebenfalls kühl stellen.

2 Die Schokolade in Stücke brechen und in einem Topf bei geringer Temperatur (oder in einem Wasserbad) unter ständigem Rühren schmelzen. Anschließend vom Herd nehmen.

3 In einer Schüssel das Eigelb, den Zucker und den Vanillezucker mit dem Handrührgerät schaumig rühren, Cognac, Espresso und Schokolade gut untermischen. Die Creme abschmecken, eventuell noch etwas Cognac oder Espresso dazugeben, anschließend abkühlen lassen.

4 Eiweiß und Sahne vorsichtig unter die Creme heben und zugedeckt für mindestens 3 Stunden kalt stellen.

5 Die gewaschene Birnenhälfte schälen, das Kerngehäuse entfernen und das Fruchtfleisch in dünne Scheiben schneiden. In einer großen Pfanne etwas Zucker karamellisieren und die Birnenscheiben darin schwenken.

6 Die Mousse au Chocolat aus dem Kühlschrank nehmen, mit einem Eisportionierer Kugeln abstechen und auf Teller verteilen, die Birnenscheiben dachziegelartig danebenlegen und servieren.

Tipp: Um schön geformte Kugeln zu erhalten, taucht man den Eisportionierer jeweils vor dem Abstechen der Mousse kurz in ein Glas mit heißem Wasser.
Nach Belieben kann man auch mit einem Plätzchenausstecher kleine Herzen aus den Birnenscheiben ausstechen.

Rezept für 2 Personen
25 Minuten Arbeit
plus 2 Stunden Kühlzeit

Rumcreme
mit Erdbeeren

Die Gelatine in kaltem Wasser einweichen.

In einer Schüssel das Eigelb mit dem Zucker hellgelb und cremig schlagen. Zitronenschale, Salz und Rum unterrühren.

In einem Topf die Milch erhitzen, etwas abkühlen lassen, anschließend nach und nach unter die Creme schlagen und die Rumcreme im Wasserbad so lange weiterschlagen, bis die Masse dick und cremig ist.

Die ausgedrückte Gelatine im Wasserbad auflösen und gründlich mit dem Handrührgerät unter die heiße Creme rühren. Die Creme auf Gläser verteilen und für mindestens 2 Stunden in den Kühlschrank stellen.

Die gewaschenen Erdbeeren putzen, trocken tupfen und halbieren.

Die Rumcreme aus dem Kühlschrank nehmen und mit Erdbeeren und Schokostreuseln garniert servieren.

2 Blatt	weiße Gelatine
2	Eigelb
50 g	Zucker
1 TL	abgeriebene Schale einer unbehandelten Zitrone
1 Prise	Salz
3 cl	Rum
1/8 l	Milch
6	frische Erdbeeren
2 TL	Schokostreusel

creamy

Essen, Liebe, Singen
und Trinken – das sind
wahrhaftig die vier Akte
der komischen Oper,
die Leben heißt.

Gioacchino Rossini

ZITRONEN-MINZE-CREME mit Himbeeren

Rezept für 2 Personen
25 Minuten Arbeit
plus 2 Stunden Kühlzeit

2 Blatt	weiße Gelatine
1/4 Bund	Minze
2	Eier
50 g	Zucker
	abgeriebene Schale von 1/2 unbehandelten Zitrone
	Saft von 1 Zitrone
100 g	Sahne (mindestens 30 % Fett)
60 g	frische Himbeeren
1 EL	Holunderblütensirup

1 Die Gelatine in kaltem Wasser einweichen. Die Minze waschen, trocken tupfen und die Blättchen abzupfen. Einige Minzeblättchen zum Garnieren beiseitelegen, den Rest in feine Streifen schneiden.

2 Die Eier trennen. Das Eigelb und den Zucker in einer Schüssel mit dem Handrührgerät hell und schaumig aufschlagen. Die Minze, die Zitronenschale und den Zitronensaft unterrühren.

3 Die ausgedrückte Gelatine in einer Schale im heißen Wasserbad auflösen. 1 1/2 EL Creme mit der Gelatine verrühren, die Mischung unter ständigem Rühren zur restlichen Creme geben, anschließend kalt stellen.

4 Die Sahne steif schlagen. Sobald die Creme zu gelieren beginnt, die Sahne unterheben. Das Eiweiß steif schlagen und ebenfalls unterheben. Die Creme auf Dessertschalen oder Gläser verteilen und für mindestens 2 Stunden kalt stellen.

5 Die verlesenen Himbeeren in ein Sieb geben, kurz in kaltes Wasser tauchen, anschließend gut abtropfen lassen und eventuell mit Küchenpapier trocken tupfen. Die Himbeeren vorsichtig mit dem Sirup vermischen und 15 Minuten ziehen lassen.

6 Die marinierten Himbeeren auf der Zitronen-Minze-Creme verteilen und die Creme mit Minzeblättchen garniert servieren.

Rezept für 2 Personen
15 Minuten Arbeit

Schokoladen-fondue
mit Früchten

Die Vanilleschote der Länge nach aufschneiden und mit der Messerspitze das Mark herauskratzen. Die Sahne mit der Milch, der Vanilleschote und dem Vanillemark in einem Topf bis zum Siedepunkt erhitzen. Anschließend vom Herd nehmen, die Vanilleschote entfernen, die fein gehackte Schokolade dazugeben und unter Rühren schmelzen. Einen größeren Topf mit sehr heißem Wasser füllen, den Topf mit der Schokoladensauce hineinstellen und so die Sauce warm halten.

Die Früchte auf einem Teller arrangieren, mit Schokoladensauce beträufeln und sofort servieren. Oder die Sauce in ein Schälchen füllen und separat zu den Früchten reichen.

1	Vanilleschote
300 ml	Sahne (mindestens 30 % Fett)
50 ml	Milch
500 g	Bitterschokolade (mindestens 70 % Kakaoanteil)

verschiedene Früchte, vorbereitet (z. B. Banane, Ananas, Erdbeeren, Kiwi, Apfel o. Ä.; falls nötig in mundgerechte Stücke geschnitten)

Schokochips mit Chili

50 g Zartbitterschokolade
3 Reisteigblätter (aus dem Asialaden)
2 EL Erdnussöl
1/2–1 EL sehr fein geschrotete Chiliflocken

Rezept für 2 Personen
30 Minuten Arbeit

1 Die Schokolade zerkleinern und im heißen Wasserbad schmelzen.

2 Die Reisteigblätter in nicht zu kleine Stücke brechen. In einer großen Pfanne das Öl erhitzen und die Teigblätter darin auf beiden Seiten jeweils einige Sekunden anbraten, herausnehmen und auf Küchen-papier abtropfen lassen.

3 Mit einem Pinsel die Schokolade dünn auf die Teigchips auftragen, dabei eine kleine Ecke zum Anfassen frei lassen. Die Chips auf eine mit Backpapier ausgelegte Platte legen und den Schokoladenüberzug etwas erkalten lassen.

4 Die Schokochips auf jeder Seite mit etwas Chili bestreuen, in den Kühlschrank geben, bis die Schokolade fest geworden ist, und servieren.

Tipp: Man kann die Schokochips auch gut auf Vorrat herstellen. Dazu einfach die Zutatenmenge verdoppeln.

REGISTER

A

B

C

E

F

G

H

J

K

T

V

Z

BILD-NACHWEIS

Umschlag: Shutterstock (www.shutterstock.com): blinkblink; Ermine; leungchopa[illegible], SongPixels

Innenteil:
Fotolia (www.fotolia.com): Fotorahmen durchlaufend (tuja66); 7, 9, 22, 49, 65, 74, 75, 103, 117, 148, 161, 177 (artikularis)
Shutterstock (www.shutterstock.com): Herzen durchlaufend, Vor- und Nachsatz (Ermine und SongPixels); 135 (a9photo); 68 (Aaron Amat); 43 (Acter); 84 (Adisa); 170 (Aksenya); 42 (A_Lein); 69 (Aleksey Vl B); 134 (anandaBGD); 15 (Andrey_Popov); 66, 67 (Apostrophe); 46, 83 (april70); 159 (Ari N); 5, 48, 64, 102, 116, 154, 160, 176 (arturaliev); 19 (Asta Zaborskyte); 13 (Baloncici); 58, 153 (B. and E. Dudzinscy); 25 (bllinkblink); 83 (Carla Nichiata); 7 (CGissemann); 118, 164 (Christian Jung); 111 (clearimages); 166 (Crisp); 164 (Danie Nel); 97 (Daniel Taeger); 44 (David Kay); 28 (Denis Vrublevski); 57 (Digivic); 154 (Dionisvera); 125, 126 (dovgan); 26 86, 143 (Dream79); 122 (Drozdowski); 78 (Dzinnik Darius); 130, 131 (Eky Studio); 148, 173 (Elena Elisseeva); 31 (Elenamiv); 3, 5, 6, 9, 11, 15, 23, 38, 39, 41, 51, 59, 63, 74, 82, 83, 147, 148, 149, 155, 152, 189; (Ermine); 147 (eskay); 67 (Everett Collection); 141 (eye-blink); 52 (Floydine); 124 (Foodpictures); 40 (FooTToo); 62 (Gayvoronskaya_Yana); 136 (giedrius_b); 32 (grintan); 95 (Gts); 21 (hd connelly); 27 (HelenStock); 17, 74, 128, 146 (HLPhoto); 48, 101 (Ildi Papp); 40 (Ingrid Balabanova); 5, 6, 9, 10, 12, 14, 16, 18, 20, 48, 64, 102, 116, 154, 160, 176 (iro4ka); 150 (istetiana); 110 (jabiru); 19, 132 (Jacques PALUT); 10, 12, 14, 16, 18, 19, 20, 46, 47, 120, 121, 138, 139, 144, 145, 156, 157, 162, 163 (javarman); 15 (Jeanette Dietl); 4, 60, 61, 72, 73 (jeedlove); 79 (JeniFoto); 152 (joannawnuk); 115 (joephotostudio); 123 (Joerg Beuge); 60 (Julia Cherkinski); 27 (Karen Wunderman); 30, 31, 72, 73 (Kitigan); 56 (KN); 85 (konmesa); 167 (kuvona); 36 (Lapina Maria); 176 (Lasse Kristensen); 3, 4, 5, 11, 13, 15, 17, 19, 21, 30, 38, 39, 54, 66, 104, 105, 175, 179, 182, 185 (LiliGraphie); 58, 80 (Lilyana Vynogradova); 6 (liseykina); 158 (Lisovskaya Natalia); 50 (mama_mia); 90, (MaraZe); 35, 92 (marco mayer); 44, 172, 140 (margouillat photo); 107 (Marina Nabatova); 100 (Mark Skalny); 118 (mdlart); 101 (MimiMia); 17 (Mirabelle Pictures); 24 (Miro Novak); 142 (Monkey Business Images); 170 (Natalia Mylova); 38, 39, 174 (Natykach Nataliia); 104, 105, 130, 131, 169 (Nella); 7 (Nelosa); 68 (Nickola_Che); 137 (Oleksiy Drachenko); 94 (Olga Miltsova); 21 (Olga Pink); 37 (Palau); 91 (PhotoEd); 11 (PhotoSGH); 8, 6 (Plus69); 76 (ppi09); 30 (rangizzz); 92, 106 (Robyn Mackenzie); 72 (Robert Adrian Hillman); 33 (Roman Pyshchyk); 5 (Roman Rybaleov); 160 (Roxana Bashyrova); 156 (Ruth Black); 22, 53 (Sabino Parente); 64, 80, 102 (Shebeko); 132 (silver-john); 112, 113 (sniegirova mariia); 11 (Sofiaworld); 4, 6, 8, 22, 75, 148 (SongPixels); 50 (Stephanie Frey); 13 (Steve Pepple); 151 (Stocksnapper); 19 (TalyaPhoto); 129 (Tatiana Belova); 71 (Tobik); 70 (vaivirga); 98, 174, 175 (Vasilyeva Larisa); 117 (vichie81); 62 (Viktor1); 86 (Visun Khankasem); 21 (Vorobyeva); 15, 17, 114 (wavebreakmedia); 76 (Wiktory); 54, 55, 89 (zolssa)

In gleicher Reihe erschienen ...

ISBN 978-3-86244-498-4

Servieren Sie im Handumdrehen Auberginen mit Honig und Parmesan, Überbackene Kalbskoteletts und Zitronentarte. So sind alle satt und Sie zufrieden!

ISBN 978-3-86244-497-7

Ziehen Sie den Telefonstecker und gönnen sich Gebratene Jakobsmuscheln, Rinderfiletspitzen und Kirsch-Clafoutis. Dann sieht's bald wieder besser auf!

CHRISTIAN

www.christian-verlag.de